和她的大唐上官婉兒

煙霞問訊，風月相知

寇研 著

以詩才權謀為刃，在男權為上的唐代

如何以女性之姿叩開權力的大門？

從掖廷奴隸到巾幗宰相，

斐然詩才 × 女性執政……

跳脫「悲情才女」的框架，

以政治謀略與文學才華闖出的異類人生！

目錄

前言

如果必須用一句話概括上官婉兒的人生，我會選擇這一句：成王敗寇，願賭服輸！

對。這通常是形容英雄或梟雄的，總之性別為雄，與女性無關。歷史上的名女人，一般有兩個名字，一種叫美女，一種叫才女。前者的人生我不懂。而後者，流傳下來的故事，大都不乏兩種類型，即才女的愛情和才女的才。其中，愛情是主線。

在這條主線的統攝下，才女的人生被解讀為：愛的萌動、波折以及失敗（失敗為主）。一個才女浩然、複雜的一生，被濃縮為一部愛情故事。當然在這類愛情故事中，也有章法可循。她們仍然是柔弱的，如宋詞裡的女性那般的幽怨、多情。她們也仍然是被動的、等待的，或者任何稍微主動的爭取都要披上被動的外衣。從古至今，世事變換，不同時代的思想多有爭鋒，然而，這種流行的女性審美，依舊是我們喜聞樂見的。

再說才女的才。她們的才，又往往是服務於愛情的，也即服務於男人。古代才子之才，可以賣與帝王家，做晉升之用，甚至變現。而才女之才，則應該是人生點綴，是錦上添花，是愛情主題之外的意外驚喜。因此，與纍纍才子比，才女能夠以才自拔，以至青史留名，其命運常常會是悲劇。但事實上，一個能夠在數千年浩瀚歷史中留下自己名字的女性，真的是為愛情生為愛情死的傻白甜？

才子建功立業，攀附功名，歷來被認為是正途。而女性，若也懂得經營自己的「才」，步步為營，想在名利場大展身手，通常會被認為是女禍，是攪弄風雲、影響歷史正統的妖孽，是不守本分的蕩婦。比如上官婉兒。

歷史上的上官婉兒，為人津津樂道的恐怕是「淫亂」。《新唐書》、《舊唐書》兩篇〈上官昭容傳〉，統共兩千字不到，卻都蓋棺論定地提及上官婉兒的兩則緋聞：即「與武三思淫亂」，「又通於吏部侍郎崔湜」。「淫亂」和「通」，這便是正史賦予上官婉兒政治生涯的解讀基調。

《新唐書》、《舊唐書》兩篇傳記，開篇點明：上官昭容，名婉兒。誰都不能質疑，上官婉兒，是一個真實的名字。而與她同時代的那批著名女性，如武則天、太平公主、韋后等，歷史學者們久經求索，卻也無法準確獲知她們的閨名。無論某皇后還是某公主，都不是其真實的名字，都是男權社會所給予、承認的身分象徵。也就是說，當這批著名女性企圖在銅牆鐵壁的男權統治中分一杯羹時，她們的起點，她們的資源，正是男權社會給予的身分認可。

比如武則天。從永徽六年（六五五）成為皇后到天授元年（六九〇）最終稱帝，武則天前後用了約三十年的時間與太子們周旋。與歷任太子、傀儡皇帝的鬥法，是一個過渡、一個緩衝。在此期間，武則天完成了最終君臨天下所需的所有政治準備。在這漫長的三十年裡，武則天的地位沒有遭遇過嚴重的危機。她的執政才能當然不容質疑，但一個不能忽略的重要憑借，仍然是她乃皇后、太子之母這一身分。這個身分是她異常重要的政治資本。

太平公主的身世更是顯赫。父母皆當過皇帝，兩個哥哥也曾是皇帝，她是大唐最受寵愛的公主，又是則天朝炙手可熱的武家媳婦。簡言之，不管則天當朝，還是神龍政變後她哥哥李顯當皇帝，太平公主所有的政治資源，皆來自父權給予她的身分——大唐公主、武家媳婦。這既是起點，也是終極資本。

上官婉兒不同。在襁褓中時家族被滅，自己與母親沒入掖庭，成為女奴。若說家世是一個人成長最初的根基，她的，就此切斷。十三歲時，上官婉兒身為高宗才人，被召入後宮。這與高宗沒什麼關係，是武后所為。武后看上她的才能，給了她一個名正言順留在宮裡的名分。神龍政變後，上官婉兒再次成為中宗之妃。但經學者們考證，這又只是名義上的皇帝之妃，是中宗夫婦為方便她的工作安排的。

不論皇后還是公主，這些身分都是在父系社會的制度上產生的，是歸宿，也是資源。這些，上官婉兒全部沒有，沒有父家，沒有真正意義上的夫家，終生未育，更沒有母以子貴的可能。因之可說唐一代那批著名的與男權爭鋒的女性中，只有她才是真正的闖入者。

只有上官婉兒，是一個真實的名字。

這也是上官婉兒悲劇的源頭。在家天下、血緣至上的時代，上官婉兒沒有機會開枝散葉，就沒有機會培植以自己為核心的政治力量。她只能選擇依附，依附武則天、韋后，或者太平公主。但她沒有男權社會賦予的身分保護，也從來沒有得到外廷官員系統的認可。數次宮廷政變，她險中求生，全憑自己的判斷力和政治經驗。她依靠自己的才智，達至人生巔峰，以至成為「巾幗宰相」。

上官婉兒熱衷權力，追逐權力，最終又毀滅在這條路上。上官婉兒的一生，沒有才子佳人式的愛情，沒有子嗣，最後也未能壽終正寢。從掖庭起步，在政治的、人生的血雨腥風中，她依照自己的意願，度過了一生。我相信，自她踏上實現自己命運的征途，她自然清楚，也接受：成王敗寇，願賭服輸！

凱撒有句名言：「我來，我見，我征服！」那是屬於征服者的名言，屬於男性的名言。在皇權、男權鼎盛的幾千年中，武則天的人生，是天時地利人和的奇蹟，又是不可複製的。上官婉兒的人生格言只能是：我來，我來過！

我來，我來過。無畏。無憾。

第一章　廢后風波與隱忍的皇帝

逐仙賞，展幽情，逾昆閬，邁蓬瀛。

——〈流杯池〉之一

流杯池，一種曲形水池，唐時豪門貴族多於花園中修建此池，作宴飲用，意即「曲水流觴」。眾人圍坐池邊，盛有佳釀的酒杯置於流水之上，任其順水漂流，酒杯在誰跟前停駐，便該誰飲盡杯中酒，並當場賦詩一首。

長寧公主，唐中宗與韋皇后之女，也是安樂公主的姐姐。長寧公主府中有三重樓和流杯池，皇帝和皇后多次親臨，當然，上官婉兒也陪侍左右。

景龍四年（七一〇），上官婉兒隨唐中宗最後一次遊長寧公主府邸，在流杯池前，飲酒賦詩。其時為四月，晚春。六月初，中宗暴崩。六月二十日，唐隆政變爆發，上官婉兒被臨淄王李隆基斬於旗下，終年四十七歲。

曲水流觴。二十五杯酒，二十五首詩。酒和詩，詩應酒。詩酒的輝映、交融中，看大唐才女上官婉兒的一生。大落大起，波瀾壯闊。恰似她人生的觀照，鏗鏘有致，不輸丈夫。

昆閬，指昆岡、閬苑，仙家居所，古詩文中常喻貴胄宅邸，讚其華美。蓬瀛，蓬萊、瀛洲的並稱，二者都為傳說中的神山，屹立於渤海之中。

越閬苑、昆岡，邁蓬萊、瀛洲，府邸仙境在眼前逐次展開，幽情詩意便也漸次綻放。

值得注意的是四個動詞：逐、展、逾、邁，簡練、果斷，擲地有聲，自有一種氣象與風雲，這也是〈遊長寧公主流杯池二十五首〉這組山水詩共有的基調。

從掖庭罪臣之後，躍為中宗朝有「巾幗宰相」之稱的昭容，執掌誥命，起草詔書，回望前塵往事，可謂滄海桑田。

大風起於青蘋之末，誰也不曾想，上官婉兒不同於平常女性的人生史詩，竟始於一場家務事。

廢后之爭

七世紀中葉，一個初秋清晨，上官儀上朝途中，沿東都洛堤策馬緩行。其時天色將明未明，圓月高懸，銀輝傾瀉，遠處群山逶迤，烏鵲身影蹁躚，月光下的江水波光粼粼，一派天地清寧的初秋之景。又偶有一兩聲蟬鳴掠過，雖不復盛夏的噪亮，聲線依然清越，為這寂靜添了些許生機與野趣。上官儀萌生詩意，賦詩〈入朝洛堤步月〉。

脈脈廣川流，驅馬歷長洲。鵲飛山月曙，蟬噪野風秋。

此詩傳開，一時又成文壇佳話，為時人仿效。長安人的印象裡，朗朗月光下，清秋曙色中，馬背上的大才子上官儀捻鬚吟詩，其風流俊朗、仙風道骨，正應了上官儀引領的宮廷詩歌潮流「上官體」的綺錯婉媚。有貴族氣，又不乏蕭蕭林下風。此時節，上官儀官拜西臺侍郎，是高宗跟前的紅人，也頗受武后賞識。

當年，父親上官弘為政敵所殺，上官儀躲進寺廟，才逃過一劫。每日勤奮苦讀，只為有機會爭取一份前程。貞觀元年（六二七），上官儀果然高中進士，為太宗賞識，授弘文館直學士，累遷祕書郎，從此平步青雲。那個初秋的清晨，正乃他風光無限好時。只是，恐怕月光下信步的上官儀也未曾想到，這份閒情逸致，在不久的將來，便會遭到颶風的襲擊。

宦官王伏勝密報高宗，武后私請道士入宮，行厭勝之術。

依唐律，一切人等不允參與巫術「魘蠱畜毒」，這是被明文列為不能赦免的「十惡」之一。永徽年間，武昭儀在扳倒王皇后的爭鬥中就曾用過這個策略，可見巫蠱術常常為人利用，成為後宮風雲中打擊對手的慣常手段。

告密宦官王伏勝，來自武后的死對頭廢太子李忠的府邸。在此之前，武后強而有力的支持者李義府，兩度遭到高宗貶謫，於是，武后的政敵、前太子的支持者們，嗅到風裡的消息，認定高宗對武后的支持者下手，表示他正在對武后失去耐心，也許武后將要失勢，於是磨刀霍霍，指使王伏勝告密，誓將武后一黨一網打盡。

高宗似乎確有懲戒武后的打算。這位被武后請進宮的道士他並不陌生，應該說還頗為熟悉。

道士，姓郭名士真，顯慶六年（六六一）初，曾赴泰山祭祀，替高宗與武后祈福，立一塊雙石並立的碑，名曰鴛鴦碑，見證兩人童話般的愛情。轉眼三年過去，高宗想要懲戒愛情童話的女主角，童話的見證者搖身變成了替罪羔羊。

可是，究竟要做到哪一步，向來優柔寡斷的高宗，並沒有明確的思路，他召來宰相上官儀商議。

上官儀，從太宗朝一路走來，親見先帝為高宗選拔的得力助手長孫無忌、褚遂良等陸續遭到武后迫害，本就對武后多有不滿，現在遇到這個扭轉乾坤的好時機，他激情澎湃，慷慨陳詞：「皇后專恣，海內失望，宜廢之以順民心。」（《新唐書．上官儀傳》）受到宰相激勵，高宗似也下定了決心，命上官儀起草廢黜武后的詔書。

可武后埋於高宗身邊的眼線，早已展開行動，《資治通鑑》載，「左右奔告於后」。武后收到情報，當機立斷，迅速衝往御書房。廢后詔書靜靜展於桌面，墨汁尚未乾透。武后於幽幽墨香中嗅到驚心動魄的對決。

命運一聲「咔」，生死就只在此一瞬的攫奪。武后聲淚俱下，哀哀哭訴。具體內容無考，但高宗因此突然無措，「羞縮不忍」。既是「羞縮」，恐不單是內疚。

有學者從高宗前後態度的大轉變推測，武后哭訴內容應為夫妻間的床笫隱私，意即武后說自己是為「房中術」請教道士。這似乎戳到了高宗軟肋。高宗自知理虧，慌亂之餘，將責任一股腦兒推到了上官儀身上：

「我初無此心，皆上官儀教我。」唐高宗道。

此話一出，上官一家萬劫不復。

上官家的浩劫

後來史家提及此段歷史，均難掩唏噓之情。家天下時代，身為人臣，須具備的一項特殊技能，便是在朝廷政事與皇帝家務事中騰挪周旋。時而歸於政務，時而歸於家務，需要審時度勢，拿捏好分寸，隨時根據劇情變換角色。

比如在永徽年間「廢王立武」的風暴中，英國公李勣就做得很到位。王皇后與武昭儀各自的擁護者據理力爭，僵持不下，高宗照例心裡沒把握，便召來赫赫有名的開國元勛、正一品司空李勣商議，探其口風：「朕欲立武昭儀為后，遂良固執以為不可。遂良既顧命大臣，事當且已乎？」既然顧命大臣褚遂良都堅決反對，這件事是不是斷無可行之法？李勣揣摩高宗意圖，適時轉換角色，從臣屬陡變為「寧拆十座廟，不毀一門親」的鄰家老好人。

除了揣摩聖意，臣屬還必須腦筋清楚，對皇帝夫妻枕畔的溫柔風時刻保持警醒。這風雖纏綿旖旎，卻絕對是一股不可小覷的洪荒之力，有時候賽過千軍萬馬或朝堂的成規條例。

當年隋文帝的愛將高熲，也曾栽在了「腦筋不清楚」。隋文帝楊堅的獨孤皇后和高熲兩家，原本是親密世交，兩人從小往來頻繁，算得上青梅竹馬。高熲在楊堅奪取皇位的過程中立下了汗馬功勞，因之頗受皇帝夫婦器重，禮遇有加。局勢轉折緣於一位美少女。

楊堅看上手下敗將尉遲迥的孫女，與之偷情被獨孤皇后發現，皇后盛怒，毒死少女。楊堅雖痛心，卻不敢派皇后的不是，於是自己騎馬衝出皇宮，狂奔而去。高熲也騎馬追上，苦勸皇帝息怒。楊堅滿腹委屈：「吾貴為天子，而不得自由！」（《隋書》）高熲腦袋發熱，自認無妨來一場「男人間」的對話，便勸皇帝以天下為重，犯不著為「一婦人」生這麼大的氣。楊堅覺得在理，遂整理心情，與皇后和好如初。

久之，不知某日，皇后無意中從楊堅處獲悉，高熲竟貶低她堂堂一國之母是「一婦人」。她對此耿耿於懷，念念不忘。

嫌隙生根，才有後來高熲的結局：隋開皇十八年（五九八），高熲領軍征伐高麗失敗，獨孤皇后在皇帝那裡吹了吹枕邊風，說他是故意為之，高熲終被免官，而且至死都沒得到寬宥。學者葛承雍就此評論道：「君臣上下的友誼遠遠不同於世俗友誼那樣互懷暖流而永久不衰，夫妻的枕邊風更使外人的『瞎摻合』自討苦吃。」（《女性與盛唐氣象》）

上官儀自貞觀元年（六二七）登進士第，為官三十多載，不乏文士的耿介衷腸，崇尚正統的儒家情懷，奉「男尊女卑」為圭臬，也如高熲般小覷枕邊風的威力。

上官儀廢后無果，隨即遭到武后勢力的反撲。武后施展她慣有的一箭雙鵰的手腕，授意許敬宗誣告上官儀、王伏勝與廢太子李忠暗中勾結，意欲作亂。很快，前太子李忠被賜死，上官儀與兒子上官庭芝伏誅。上官庭芝正是上官婉兒的父親。

這一年，是唐高宗麟德元年（六六四），上官婉兒剛出生不久。民間盛傳，上官婉兒之母鄭氏生產前，曾有大神託夢，說她的孩兒將來會「秤量天下」。若真有其夢，許多年後因為上官婉兒的作為而母以女貴，被賜封為沛國夫人的鄭氏，回望這一年，家族瞬間傾沒，自己與女兒從貴族的浮華雲端跌進掖庭為奴的深淵，不知會有怎樣的感喟。

這一年，上官儀伏誅，廢后計畫流產。武后將計就計，藉此良機剷除政敵，攝政計畫也往前邁了一大步，這即有了歷史上的「二聖臨朝」。武后將偶一為之的垂簾聽政變成了常規，將反對黨清洗殆盡，地位日益穩固。《資治通鑑》載：「自是上每視事，則后垂簾於後，政無大小，皆與聞之。天下大權，悉歸中宮，黜陟殺生，決於其口，天子拱手而已，中外謂之二聖。」武后也更加意識到監控高宗的重要性，因此「在夫妻矛盾摩擦風波中險些翻船的武則天，自事情平息後的二十年裡，再沒有發生大的裂痕。兩個政治人物又是一對夫妻之間建立了一種新的平衡與和諧」（《女性與盛唐氣象》）。

而這一切對高宗而言，是多年忍氣吞聲後的反抗無果，廢后無望，繼而，只有更多年的忍氣吞聲。

忍辱負重的帝王

高宗李治，為唐太宗第九子、長孫皇后的幼子，素來身體羸弱，秉性柔和，史稱「仁懦」，本來並不是未來皇帝的熱門候選人。李治被立為太子，繼而在太極殿順利即位，實乃鷸蚌相爭，漁人得利——想必都在李治自己的預料之外。

曾經的玄武門政變，是懸在太宗頭頂的一把利劍，午夜夢迴時分，那同根相煎的夢魇，手足臨死逐漸散光的瞳孔，還有自己與父親高祖李淵至死都未能彌合的深重裂痕，時時在內心掀起驚濤駭浪，以至於對兒子們覬覦皇位的角逐，總有些驚弓之鳥的意味。

然，太子李承乾與魏王李泰之間的明爭暗鬥，已呈膠著之勢。李承乾雖貴為太子，卻患有足疾，於儲君儀表而言，實在有些不便，又屢屢傳出他與宮中小子廝混的穢聞，朝臣間對他的呼聲並不高。魏王李泰，本就文采風流，聰敏絕倫，有儲君風範，此時更是乘勢而起，模仿父親當年在府邸設定文學館，招賢納士，所編之書《括地誌》，廣涉政治、軍事、經濟等國家生計，且頗有見地。太宗不由得對他青睞有加，寵祿日盛。

玄武門兵變的噩夢不只在太宗心間浮蕩，也是家族成員們的詛咒。眼見魏王坐大，李承乾唯恐自己成為第二個李建成，決意先下手為強。貞觀十六年（六四二），李承乾勾結一干人等，行刺胞弟李泰。事敗。

依朝堂成例，該是太子李承乾遭廢黜，魏王李泰順勢上位。

太宗畢竟是了解自己兒子的，魏王李泰最得他寵愛，或許便也因為諸多皇子中，他最有自己當年的王霸之氣。然，太宗雄才大略一生，值桑榆晚照之年，倒變得兒女情長起來，現在魏王的野心，只會令他恐懼。

《舊唐書》載，太宗謂群臣：「泰立，承乾、晉王皆不存，晉王立，泰共承乾可無恙也。」晉王，即李治。李泰或許會是一個好皇帝，但他知道，李泰勢必也會像當年的自己，為絕後患，將兄弟全家老小逐一剷除。身為父親，為保全孩子們手足情誼與家族和平，太宗能夠想到的唯一途徑，便是立秉性庸懦的李治為儲君。

手足相殘的人間慘劇確沒再演，可李治身體的柔弱、性格的懦弱、對政事的倦怠，也是有目共睹的。

只是，當年的太宗似乎也沒有更多的選擇了。臨終，為保全李唐江山，太宗託孤，安排自己信任的長孫無忌、褚遂良等為顧命大臣，輔佐年輕的皇上。

永徽年間，在武則天衝擊后位的爭鬥中，長孫無忌、褚遂良身為強硬的反對派，已遭武則天清算，現在，上官儀在這場著名的皇帝家務事中，家族亦被滅門。至此，太宗朝榮寵無限的勛貴們，均遭到當年後宮一個不起眼的小小才人的迫害，太宗若泉下有知，不知會作何感想。

風起於青蘋之末，颶風過處，無辜者亦遭塗炭。唐高宗麟德元年（六六四），襁褓中的上官婉兒，隨母沒入掖庭為奴。

第二章　掖庭歲月與少女的崛起

暫爾遊山第，淹留惜未歸。霞窗明月滿，澗戶白雲飛。書引藤為架，人將薜作衣。此真攀玩所，臨睨賞光輝。

——〈流杯池〉之二

暫爾，一段很短的時間。薛作衣，以花葉樹枝做成的衣服，此處形容隱士。離開都市，住在鄉野茅屋，晚賞明月滿窗，早觀白雲飛渡。詩書有藤蔓作架，著衣便模仿隱士以花葉覆身，或攀玩，或靜思，或登高賞景，真乃一種極致的享受。

一首五言小詩，寫避開俗世喧囂躲進鄉野的好心情，其韻致能看出得自「上官體」的真傳，對仗工整，清麗婉媚，還帶些微俏皮。但，「上官體」通常精於描摹形容，囿於雅致，流於頹靡，華麗有餘，氣象不足。本詩略有不同，看這一聯「霞窗明月滿，澗戶白雲飛」，視野由鄉野茅窗拓到天地山川間，意境呈遼遠之勢，讀之不禁神氣清爽。句末喜置動詞，如「滿」、「飛」，是上官婉兒詩歌的一個特點，動態畢現，又陡然收住，隱士詩情似也傳達出一種闊達的氣魄。

美國漢學家宇文所安稱上官婉兒為「假日隱士」，他說：「七一〇年上官婉兒造訪長寧公主莊園的時候，她甚至忘情其中：她賦詩時『彷彿』是一個寄跡自然的隱士，其詩風也發生了變化。」所謂「詩風的變化」，當是與她大氣磅礴的應制詩比較。山水詩裡的上官婉兒是一個中性的隱士，而她的隱士風的山水，當然也是貴族式的，並非一個樵夫眼裡的尋常風景。這讓人想起流行的一句話：「我奮鬥了十八年，才能和你坐在一起喝咖啡。」與當朝皇帝一起飲酒賦詩，微醺處，遙想當年掖庭歲月，也會有此般體會吧。

掖庭的幽暗時光

掖庭，也稱掖庭宮，為皇宮中的旁舍，是宮女、妃嬪居住的地方，同時，作為關押罪臣女性家屬的處所，某種程度上也具備女子監獄的性質。掖庭宮古已有之，不過秦代和漢初稱永巷，戚夫人的〈永巷歌〉就是她被關押永巷時所作，到漢武帝時才更名為掖庭。唐一代，對罪臣女眷的處置方式分兩種，有技藝的收入掖庭，其餘的只能發配到司農寺做粗活。鄭氏母女出自書香門第，當然是被收在掖庭宮的。

據載，唐代掖庭宮設有文學館、習藝館之類的學習機構，專門聘請儒生當老師，負責女孩兒的基礎學習，如經史子集、琴棋書畫、往來書信應答等宮廷禮儀。上官婉兒在此度過悠悠數年，其間沒有任何資料留下，她在掖庭的童年、少女時代，想來只能依據僅有的史料推測了。成長於掖庭，不論習藝館的學習，還是日常生活裡種種處境的應對，上官婉兒該是從中習得了基本的藝術知識、待人接物的常識以及後宮生存指南。

帝制時代，動輒株連的政治清洗中，如上官婉兒這般自幼就沒入掖庭的貴族女性一定不在少數，但歷史千載，最終能走出掖庭並流傳千古的，只有區區幾人而已。可見僅在習藝館按部就班地學習，絕然不是一個女孩兒成長為才女的首要條件。

上官婉兒的母親鄭氏，《新唐書．上官昭容傳》提及一句，「母鄭，太常少卿休遠之姊」，其他無考。以上官儀的家世地位——文壇領袖、官拜西臺侍郎，能成為他家兒媳，想必也一定是出身於根深葉大、學養深厚的門第。

漫漫掖庭生涯，絕不能忽視鄭氏對女兒的教誨。血液裡流淌著遺傳自上官家族的才華，自幼研讀祖父上官儀的詩文，再加上母親的教導，這一切終使上官婉兒在十來歲的年紀便在宮內詩名鵲起，連皇后都有耳聞。

但上官婉兒終能以才自拔，絕不僅僅倚賴詩才，還有最重要的一點：上官婉兒與她先輩一樣擁有強烈的出人頭地的熱望。縱觀上官家族的命運，幾乎歷代都有人在宦海浮沉，在歷史上留下姓名的就有好幾位，如漢武帝時期的上官桀，隋煬帝時期的上官弘，太宗、高宗時期的上官儀。上官婉兒雖為女兒身，但她對政事有著天然的興趣，卻也可謂得自家族的真傳。

後宮從來都是祕聞滿天飛的地方，亦真亦假，半暗半明，長舌宮女能從中找到飯後八卦的材料，有心者亦能穿越重重迷霧追溯到政治風向的轉變，上官婉兒該是從這些八卦祕聞中磨練出最基本的政治素養，因之才有《舊唐書・上官昭容》載其「及長，有文詞，明習吏事」。自古有文采的才女多見，而有文采又像男人那般「明習吏事」的才女，並不尋常。也只有具備這樣的潛質，才可能在從天而降、卻絕無僅有的一次面試機會中征服武后。

綜觀上官婉兒的人生歷程，掖庭宮的罪奴歲月裡，母親鄭氏做得最好的一點，是沒有幼稚地向女兒灌輸家族的滅門仇恨。不過更可能的狀況也許應該是，生存形勢之嚴酷，精神承受之高壓，使鄭氏銘記血海深仇的勁頭全然消磨掉。相依為命的母女，每一天的盼望便是平安，活下去。在一個罪臣女眷生存的處所，一定和其他任何監獄一樣，藏汙納垢，充滿各種欺凌、侮辱與交易，那一切都是常人難以想像的。

一個明顯的例子。咸亨二年（六七一）某一天，武后長子李弘心血來潮，在宮裡到處閒逛，徘徊悠走到了掖庭宮。李弘偶遇被囚在此的兩位同父異母的姐姐，即蕭淑妃的兩個女兒義陽公主和宣城公主。因為長期幽禁，日日生活在恐懼、禁閉裡，義陽、宣城早無公主風範，據說表情幾近痴呆，連話都無法講清了。《資治通鑑》載，心底仁善的太子李弘，「見之驚惻」，顧不得會冒犯母后威儀，立即奏請父皇，請求將兩位姐姐出嫁，過正常人的生活。連堂堂公主的待遇都不過如此，掖庭裡普通女眷的生存狀態更可想而知。

無論如何，悠悠歲月，上官婉兒終於在此平安長大。而掖庭外的世界，從麟德元年（六六四）至儀鳳元年（六七六），卻是朝夕之間風雲變幻。那不僅是武后要爭鋒的天下，也是上官婉兒將來要參與輔佐的天下。她們的命運注定是綁在一起的，武則天的歷史，也是上官婉兒的歷史。因之，上官婉兒隱匿掖庭的歲月，正史資料無從尋覓其蹤跡，只得借武后這一時期的政治活動，一窺上官婉兒即將廁身其中的歷史空間的醞釀與發酵。

武后的謀略

永徽元年（六五〇）五月，太宗週年紀念，高宗李治去感業寺行香悼念，偶遇曾與自己種下私情的武媚娘。時間僅隔一年，卻已是滄海桑田，一位貴為皇帝，一位芳華正好卻只能與青燈古佛為伴。兩人相看泫然，無語凝噎，《唐會要》載，「上因忌日行香見之，武氏泣，上亦潸然」。王皇后獲悉，隨即暗中派人將武媚娘接回宮裡，以圖牽制當時寵冠後宮的蕭淑妃。

十四歲進宮，寂寂十餘年，又流落尼庵，這次再度進宮，武媚娘的人生進入了快車道。不到一年的時間裡，晉位昭儀；永徽三年（六五二）生下長子李弘；永徽六年（六五五）取代王皇后成為母儀天下的新皇后，此時的武后可說是抵達了傳統女性人生贏家的至高點。至麟德元年（六六四）上官婉兒出生時，武后已經做了近十年的皇后，並曾在高宗生病期間代理朝政。她初嘗權力的滋味，同時又為性別所困，權力的巔峰看似近在眼前，實則相距遙遠。

而高宗與上官儀策劃的廢后事件又讓武后猛醒。雖貴為皇后、太子之母，可謂一人之下萬人之上，然，在瞬息萬變的後宮，她的名分、地位仍然得仰仗那位高高在上的天子的好惡。前三十餘年的命運皆攥在別人手心——小時候討好同父異母的哥哥們，初入宮苦練書法討好先帝太宗，先帝駕崩導致自己流落尼庵，重返後宮又得討好高宗、皇后和各品級嬪妃，待取代王皇后成為後宮之主，似乎終於可以喘口氣了，可是，若那一天自己的情報網稍稍出現差池，恐怕下場也像王皇后一般。

逆水行舟，不進則退。

武后發起了對帝位的進攻。在許敬宗誣告廢太子李忠與上官儀謀逆前，武后已在上一輪清洗中，將曾經反對自己的一批老臣褚遂良、長孫無忌等逐一清洗。至廢后事件，又剪除時任宰相的上官儀及其支持者，並賜死廢太子李忠，其時武后的反對黨清除殆盡，統治更加公開化，二聖臨朝成為常態。武后隱在簾後，監聽高宗處理每件細務，此即所謂「天下大權，悉歸中宮，黜陟殺生，決於其口，天子垂拱而已」。

但是，僅在簾後左右朝政，已無法滿足武后野心，她要做的是在天下人面前露臉，讓天下人習慣、接納她的存在。麟德二年（六六六），武后慫恿唐高宗封禪泰山。這項高規格的盛大典禮，意在祭祀天地，宣揚自己的豐功偉績，並祈求天神、地祇的保佑。規模如此隆重旨在自我表彰的祭祀活動，歷史上自秦始皇起只舉行過六次。太宗李世民在世時曾兩度想要封禪，後都因故取消。

高宗麟德年間國力強盛、物阜民豐，史謂「是時頻歲豐稔，斗米至五錢，豆麥不列於市。議者以為古來帝王封禪，未有若斯之盛者也」。此種背景下，高宗封禪泰山似也順理成章。但與以往封禪不同的是，武后要求更改祭祀典禮中皇帝為初獻、公卿為亞獻的傳統，自己取公卿而代之，作為亞獻在典禮中亮相，行「酌酒、實俎豆、登歌」等儀式，成功地把一個最高級別的國家典禮，變成了自己隆重登場的舞臺。

自顯慶五年（六六〇）高宗染上風疾以來，身體便未真正好轉，終年纏綿病榻，還屢次出現險情。其間，每有不適，太子李弘便奉詔監國。太子府因之累積了一批重要官員，以輔佐太子理政。

咸亨四年（六七三），高宗安排太子完婚。用意非常明顯，一旦自己病情急轉，長大成人的太子隨時可繼承大統。這樣一來，唐朝將迎來新一任年輕又健康的帝君，皇后便再無理由監理朝政，即使雄心萬丈，她也只能安居後宮、頤養天年了。

時不我待，留給武后的時間不多了。

武后更加深入地參與並左右朝政，提出所謂「建言十二事」，發表一系列政策，如勸農桑、薄賦徭、息兵、以道德化天下、廣言路等，公開廣泛籠絡人心。這些政策的效用頗具爭議，有說是得到老百姓的衷心擁護，又有說「只是以泛泛之論來處理那些長期存在的問題」（《劍橋中國隋唐史》），沒有實質性作用，旨在贏得民心而已。不過引人矚目的是，武后建議若雙親去世，子女都該服喪三年，而不是從前的為父服喪三年、為母服喪僅一年。學者認為這條政策意在提高母權，為高宗殯天做準備。即便在維持現狀的情形下，武后也要確保對兒子的絕對權威。

許敬宗，這位武后最忠實的支持者終於退休，一時造成武后身邊人手短缺。在衝擊帝位的戰鬥中，武后雖不斷深入參與朝政，但身為皇后，礙於身分制約，權力的行使終究只能透過高宗和朝廷才能合法化。若沒有許敬宗這樣的得力助手在外廷觀察風向，武后難免被掣肘。而此時，太子府人才濟濟，天下賢能之士皆被其收入囊中，其實力不是一個後宮皇后所能抗衡的。因此，武后開始暗中培植自己的親信黨羽。

先帝太宗當年身為秦王時，廣泛羅致人才，招納秦府十八學士，以編撰為名，組建自己的智囊團。武后效仿這一做法，也以修撰為名招賢納士。這批文士「替皇后起草奏摺，決定政策，批覆文牘，起到了中書門下宰相們的職責」（《女性與盛唐氣象》），他們大都被認為是武后的心腹，一有機會就被安插在外廷，分割宰相團隊的權力。當時朝臣上朝都走南門，這些學士因在禁中辦公，不得從南門出入，武后特許從宮城北門進出，因之史稱「北門學士」。

至上元元年（六七四），武后做皇后近二十年、二聖臨朝也十年了。

這一年八月，朝廷正式宣布，皇帝改稱「天帝」，皇后稱「天后」，「這是中國歷史上第一次夫妻雙雙使用的莊嚴稱號」（《女性與盛唐氣象》），也是絕無僅有的一次，武后朝她心目中的至尊寶座又邁出了一大步。同時，武后也擴充了親信培植的範圍。僅北門學士已無法滿足她的政治需求，她急需在宮內建立一個私人祕書團隊。

一個女孩的名字落入武后的眼裡。

初綻光芒的婉兒

時光永是流逝。

從「婉兒時在襁褓，隨母配入掖庭」（《舊唐書》），隱匿數載，到再次在史書中出現，十三個春秋已然過去，上官婉兒已經成長為一個小小少女。十三歲的上官婉兒是什麼模樣？史書對其容貌未著一字，無從判斷。但能約略想來，能在高宗及後來的中宗後宮為自己博得一席之地，容貌上，定然也有出眾之處。

唐時女性平均婚齡為十七歲，十六歲即為「及笄之年」，意謂用簪子綰起頭髮，待字閨中。若生在尋常家庭，十三歲的年紀，尚在無憂無慮的年紀，此時的上官婉兒想必是讀詩寫詩，跟著母親學做些女紅，偶爾也做做少女的幻夢。但她身為在掖庭宮中煎熬著的一個小小女奴，非自由身，處處受到轄制，紙筆的獲得想必也是分外艱難的。因而，這一時期的上官婉兒，沒有一首詩留下，世人無從窺測這十三載的監禁會在一個少女身上烙下怎樣的印記。

又若，上官婉兒只是掖庭宮的一名普通宮女，或許也還可以奢望，時機成熟，成為被掖庭局遣散出宮的幸運兒，再幸運地尋到一個老實本分的年輕人，結婚生子，從此安安穩穩一輩子。《本事詩》便載有這樣一則「佳話」。玄宗開元年間，掖庭宮人負責為邊防士兵製作棉衣。有一名士兵在分給自己的衣服裡，翻出一首詩：

沙場征戍客，寒苦若為眠。戰袍經手作，知落阿誰邊。蓄意多添線，含情更著綿。今生已過也，結取後身緣。

此事傳到玄宗處，下令宮中盤查。待找到這位寫詩的宮女，玄宗憫其情，破例將她許給那位與之有緣的士兵。

對罪臣之後，依唐律，「奴婢賤人，律比畜產」，奴婢儼然牲畜，沒有人身自由，像上官婉兒這類年輕貌美的女奴，最常見的出路，無非是作為禮物賞賜給某位王公大臣，或生或死都看主人高興。只有極少數的女奴能夠被皇帝看上，一躍而為後宮嬪妃。得到這份上天眷顧的，不過寥寥數人。而能得到從來視年輕貌美的女子為天然仇敵的皇后的垂青，唐一代，怕只有上官婉兒了。

唐高宗儀鳳元年（六七六），某日，上官婉兒得武后召見，命作文。

《新唐書》載，「有所製作，若素構」，詩文須臾而成，且文采斐然，彷彿構思了一夜才得。現存〈題詠雙頭牡丹殘句〉，相傳即為當時所作。

勢如連璧友，心似臭蘭人。

連璧，並列在一起的兩塊玉，語出《晉書．夏侯湛傳》，夏侯湛「美容觀，與潘岳友善，每行止，同輿接茵，京都謂之連璧」。夏侯湛為西晉文學家，容貌俊秀，與潘岳友善，時常出入同行，不離左右，人們形容兩人為連璧。此處喻雙頭牡丹的姿態如同夏侯湛與潘岳連璧般的情誼。臭，同「嗅」。嗅蘭人，謂輕嗅蘭花的高潔之士，喻夏潘情誼的惺惺相惜、山高水長。

雖無法窺得詩作全貌，但須臾之間，便能得出「連璧友」和「臭蘭人」這樣工整的佳構，《新唐書》評論十三歲的上官婉兒「天性韶警，善文章」，實也不誇張。比「善文章」更意味深長的是「韶警」，謂文采之外的聰明伶俐。無論「連璧友」還是「臭蘭人」，自古都是文人雅士偏好的主題，雅好文藝的武后也不例外。這首小詩借詠雙頭牡丹的姿態，含蓄地恭維、回報了武后的賞識，又雅致又得體，難怪深得武后歡喜。上官婉兒自是知道天后召見的目的，構思中難免迎合武后心思，所以史家評她「天性韶警」。

自此，上官婉兒結束隱匿掖庭的歲月，進入武后的政治同盟。十多年前，上官儀因不滿武后顯露出的「牝雞之晨」徵兆而謀劃廢后，導致自己家族滅門，連帶襁褓中的孫女蒙難；十餘年後，小孫女以才自拔，伯樂正是當年自己不共戴天的政敵。此時，九泉之下的上官儀如若獲知，不知會是怎樣的心緒。

第三章　見天后庸知非福

攀藤招逸客，偃桂協幽情。水中看樹影，風裡聽松聲。

——〈流杯池〉之三

偃，拉下。協，合。攀爬藤蔓，折桂擷花，抒發隱幽山水情，看水中樹影搖曳，聽風裡松濤陣陣。

小詩對仗工整，語調簡約、明快，表現出遊山玩水的好心情。前兩句寫閒心閒情，「攀」、「招」、「偃」等動詞，具象活潑，雀躍神情、婀娜身態盡現。最後兩句，氣勢鏗鏘。柔水對勁風，樹影對松聲，前者嫻靜多姿，後者隱現生猛之勢，這也是上官婉兒山水詩的一個特點，一靜一動，一柔一剛，將兩種反差很大的景物並置。

只道是尋常風景，眼觀曼妙山水、麗影柔姿，耳裡卻在捕捉風之峭勁、松之濤聲。聽過松濤的人會知，聲隨風至，時而呼嘯尖利，時而嗚咽低沉，時而果決，時而猶疑，時而疏離，時而迫切，非得仔細聆聽，才能體會其間韻致的起落。而細思這一畫面，似又於平靜中醞釀著風雷，嫻靜裡漸生淩厲。這也恰似上官婉兒人生開啟時的伏筆，混跡後宮、貴族，表面風光無限，像宮廷詩裡展現的那般綺麗婉媚，實又時刻潛伏隱隱殺機。一生都得眼觀六路、耳聽八方，時刻面臨著抉擇、站隊。

虛名的才人身分

離開掖庭宮，被召入禁中，在武后主宰的後宮，上官婉兒的身分是高宗才人。二〇一三年西安出土的上官婉兒墓誌載：「詩書為苑囿，捃拾得其菁華；翰墨為機杼，組織成其錦繡。年十三為才人。」才人，在後宮嬪妃等級中，位列五品，在貴妃、昭容、婕妤、美人之下。

墓誌所曝上官婉兒在高宗後宮的身分，令史家、學者們驚愕了好一陣。人們紛紛揣測，一向強硬、冷酷的武后怎會容忍這麼一個貌美有才的年輕女子接近高宗，而且還是政敵之女，豈非引狼入室？

這決計不是武后對待後宮女性、對待政敵的方式。

武后為人妻的彪悍作風，在歷史上也是相當有名的。稍稍梳理一下自她成為後宮之主後的作為，便可清楚她的手段。高宗一生，僅有八子四女，而十二位子女中的前六位，均是武媚娘回宮前所生。那會兒媚娘還在感業寺讀經禮佛，鞭長莫及，高宗真真是逍遙了一陣子。

自永徽年間重返後宮，十餘年裡，武后便馬不停蹄為高宗生了六個兒女，可自此以後，高宗的帝王福澤便戛然而止，再沒機會播撒。武后終於停止生子，卻也扼殺了其他後宮妃嬪期待母以子貴的美夢。即使高宗間或與其他女性親近，武后也絕不會允許其開枝散葉。

這一時期的高宗後宮，似乎經常發生食物中毒事件。年輕貌美的嬪妃因不小心吃錯東西轉瞬死去，已成尋常事。再看正一品的蕭淑妃以及背後有關隴顯赫貴族勢力撐腰的王皇后，在幾年間都被拿下，而故事後續更有那「令二嫗骨醉」的斷二人手腳埋入酒缸的狠辣。後宮諸女見識了武后的非常手腕，意識到與高宗傳情，是在拿生命做賭注，又有幾人敢以身試險呢？因之有人調侃高宗覺悟很高，雖坐擁後宮佳麗若干，卻「甘心」過一夫一妻的生活。

毀滅那些想染指高宗臥榻的野心家，武后具有堅如磐石的決心，即便血緣親人，也不會放過。

永徽年間，武昭儀忙著跟蕭淑妃、王皇后鬥的時候，忽略了身畔，沒想到後院起火，高宗和自己姐姐韓國夫人有了私情。武昭儀鑒於當時處境，擔心內外樹敵，不敢大鬧，吞下了這枚苦果，從此卻將高宗看得更緊。據載，永徽五年（六五四）臘月，高宗拜謁昭陵，正值隆冬季節，天寒地凍，已有身孕的武昭儀卻堅持隨行，一路顛簸，最後導致小產。

坊間傳聞章懷太子李賢的生母其實是韓國夫人。武后小產後，不得不接受提議，將高宗與韓國夫人的私生子養在膝下，頂替自己死去的孩子。李賢生母韓國夫人的死也多有爭議，許多人認為韓國夫人是被自己妹妹毒死的。

若說武則天毒死親姐姐，尚缺乏確鑿的證據支持，但韓國夫人之女魏國夫人的死，卻是她一手策劃的。以武則天的凶悍，當她獲悉浪漫多情的高宗又看上姐姐的女兒時，新仇舊恨，可想而知她心頭熊熊燃燒的復仇烈焰。

乾封元年（六六六），朝廷舉行泰山封禪典禮。依唐律，各地刺史都要隨行，武后兩個被貶為始州刺史、淄州刺史的堂哥武唯良和武懷運，奉詔參加。在典禮後的獻食習俗中，武后熟稔地施展其一貫的一箭雙鵰的手腕，借兄弟倆的手毒死魏國夫人。

連外甥女都不會放過，武后又怎會願意把上官婉兒送給高宗？

因之，依據現有史料推測，上官婉兒的才人身分，實為武后一手安排。武后需要上官婉兒為她工作，才人身分能使上官婉兒名正言順地長住後宮。而且才人雖是五品，畢竟地位、待遇遠高於後宮侍女，那既是為工作所開的方便之門，也代表武后對上官婉兒支付的酬勞。

事實上，儀鳳元年（六七六）時，後宮妃嬪的名銜，已被武后下令更改，上官婉兒實不為「才人」，而是更改後的新銜「衛仙」。墓誌所載「年十三為才人」，乃因武則天退位後，妃嬪舊銜予以恢復。

武后祕書團的內幕

史載，自七世紀六十年代後期，武后就以編書為名，開始暗中培植自己的親信、黨羽，史稱北門學士。在此期間，武后在宮中又培養著另一股力量與之配合，那就是後宮的女官。顯慶五年（六六〇），高宗患病期間武后協助主持朝政，初嘗權力的酣暢，這個偶然的際遇使武后意識到自己的勃勃野心。隨著執政能力和政治勢力的醞釀成熟，武后開始對朝廷內外的決策施加壓力。

龍朔二年（六六二）二月，朝廷頒布詔令，更改了許多政府機構的名稱，如門下省更名為東臺，中書省為西臺，尚書省為中臺。與此同時，經武后的干預，皇帝嬪妃的名銜也一併改動了，如正一品的貴妃、淑妃新銜為贊德，正二品的昭容、昭儀更名為宣儀，正五品的才人更名為衛仙。這次嬪妃名銜改動的特點，陳弱水先生評論道：「原來的名銜具有強烈的性別意味，強調嬪妃的女性身分，而新的稱號大體帶中性色彩……至少名目上，她們由皇帝的妻妾變成內廷的官僚。」（《隱蔽的光景：唐代的婦女文化與家庭生活》）如上官婉兒的「衛仙」稱號，雖仍隱有女性指涉，卻並未明確道出性別，比「才人」更少女性色彩。由此可知，墓誌雖恢復了上官婉兒在高宗後宮的才人身分，與當時的具體情況確是有出入的。據此更可推測，其時武后是利用了選妃入宮這條路徑，暗度陳倉，為自己招兵買馬，在後宮培植羽翼。

顯然，這是一個祕密的女官組織，也即武后的私人祕書班子，不如北門學士那般還可以編書的名義公開活動。據載，這批女官協助武后墨敕制詞或處理更為隱祕的政務，從而達到制衡外廷男權的目的。起草詔敕是極為繁巨的工作，通常得有好幾個人來分擔，還需其他的人手協助資料的蒐集、整理、查閱等，想來這個工作小組的規模不會小。只是該女官組織涉及後宮對朝堂政務的僭越，乃歷朝公認的違禁之事，行事自然極為隱祕，終究，也難追溯小組成員的相關資料。

依現有的少量史料推測，該女官團體成員至少有三人是確定的：上官婉兒、太平公主和一位李姓夫人。

太平公主，與上官婉兒年齡相仿，是武后最為寵愛的孩子，必定會經常出入母后寢宮，與上官婉兒的接觸應該也非常頻繁。史載，太平公主「豐碩，方額廣頤，多權略，則天以為類己」（《舊唐書．外戚傳》），與幾個哥哥比，太平公主性格最像武則天，看她後半生的行事，也確是武則天幾個孩子中最有政治頭腦的。史料顯示，太平公主真正參與政治活動，是從其夫柴紹被殺開始，但，前期在祕書團隊裡的訓練和累積也是其政治才能的基礎。

兩位年輕女子，年紀相當，都集貌美、聰慧、伶俐於一身，又都和平常的女子迥異，不喜女紅、家政，對朝堂吏事有著濃烈的興趣，僅此，足夠讓上官婉兒和太平公主惺惺相惜，結成一生的同盟了。許多年後，上官婉兒參與的兩次重要的宮廷政變，均是與太平公主聯手，可見，從十來歲兩人在宮中相遇、相知，一直都互通款曲。雖然後宮風雲朝夕瞬變，此後經年，兩人的政治立場也偶有不同，但少年時在這個祕密的女官組織中養成的政治素養與默契，足以使她們攜手成為初唐「女禍」的傑出代表了。

李姓夫人，乃一位名叫司馬慎微的官宦的妻子。司馬慎微生於貞觀六年（六三二），永徽三年（六五二）提拔為甲科，授襄州襄陽縣尉，後因戰功卓著，授上柱國，調露二年（六八〇）因病去世。司馬慎微的墓誌，於一九九八年出土。正是基於這份墓誌，學者們發現了其時武后祕書團隊的些許痕跡。

墓誌〈大唐故梓州通泉縣尉司馬少府夫人隴西李氏合葬碑並頌〉中對李氏的描述如下：「溫德貞明，清神肅穆，織仁組義，非假物於鴛機飾性，端儀詎資，形於鸞鏡。曹大家之詞賦，譽重寰中；衛恭姜之志節，名流海內。載初年，皇太后臨朝求諸女史，敕潁川郡王載德詣門辟召侍奉。宸極一十五年，墨敕制詞，多夫人所作。以長安二年六月二日終於大內。」

從該墓誌可知，李氏出身隴西，家世平常，其人溫嫻端莊，才思橫溢，一時名流海內。其夫司馬慎微去世九年後，李氏經武后從弟潁川郡王武載德引薦，被武后召入禁中。此時正值載初元年（六八九），武后拉來小兒子李旦當傀儡皇帝（史稱睿宗），自己則在紫宸殿的帷帳內臨朝親政。從載初元年至長安二年（七〇二），即武則天退位前的三年，這位在後宮女官組織中曾與上官婉兒共事，卻連名字也沒留下的李氏，實是則天朝詔敕的主要負責人。「宸極一十五年，墨敕制詞，多夫人所作。」可見當時她的重要性在上官婉兒之上。

從時間上看，至載初元年（六八九）李氏入宮，儀鳳元年（六七六）入宮的上官婉兒已在武后身邊工作十餘年。此時上官婉兒漸近而立，經多年歷練，又時常伴在天后左右，依常理而言，無論世故人情還是制詔路數，想必已非常熟稔，應足夠擔當草擬詔敕之責。可此後相當一段時間，墨敕制詞的主要負責人，都是這位李姓夫人。

《舊唐書》載，上官婉兒「自聖曆（六九八）已後，百司奏表，多令參決」，而《太平廣記》則將這一時間定在萬歲通天元年（六九六）後，此時距李氏「終於大內」不過三五年。簡言之，很有可能其時李氏已年老力衰，無法繼續勝任工作，上官婉兒才因此頂替上去，成為主要負責人。也即是說，則天一朝，上官婉兒並非如坊間傳聞一直是女皇身畔不可取代的重要私人祕書，絕大多數時間，她應該都只是李氏的下屬而已。

上官婉兒自聖曆年間開始參與決策國家大事，到神龍政變爆發，前後不到十年，這十年在上官婉兒服務武則天統共近三十年的時間裡，只占其三分之一。若說前二十年均是上官婉兒的學徒期，這期限未免也太長了一點。而上官婉兒人生最為輝煌的時期，實際上是在武則天退位以後。

究其原因，首先，李氏在年紀上長上官婉兒許多，武則天能在其守寡九年後約五十歲的年紀，還設法將其召入禁中，實也證明李氏定有過人之處。再一個合乎情理的推測應該是，武則天從未想過倚重上官婉兒，她不敢。她欣賞上官婉兒，也壓制上官婉兒。

在民間想像中，一個是女皇，一個是女官；一個是伯樂，一個鼎力輔佐，知遇之恩外加站在抗衡男權的同一個戰線，無論身為知己還是同袍，她們都該是情深意長。

對，這些都沒錯，這些情誼在兩人之間無疑肯定存在。但是請別忘記，她們之間有不共戴天的血海深仇。幾十年後，八十二歲高齡的武則天在其似醒非醒的彌留之際，都記得在遺囑裡赦免遭她迫害、株連的王皇后、蕭淑妃家族，這說明，她從不曾忘記被自己殺死的那些人。上官婉兒，也決計不會忘。

其實，她們互不信任。

見天后庸知非福

貞觀十一年（六三七），十四歲的武則天，入選太宗後宮。從此能走出哥哥家，不用再瞧他們眼色過活，武則天興奮異常。母親楊氏卻神情憂悒，一臉的不捨。武則天便安慰母親道：「見天子庸知非福？」（《新唐書》）儘管一入宮門深似海，但那是閨閣外的大天地。

武則天豪情萬丈。因長相可人，武則天入宮即被太宗賜名「媚娘」，封才人。

儀鳳元年（六七六），十三歲的上官婉兒入選高宗後宮。終於能脫離罪奴身分，走出暗無天日的掖庭，婉兒定也躍躍欲試。天下父母心，當年的楊氏，如今的鄭氏，心情想必都一樣的複雜難言。更何況上官家唯一的後人是要去往滅族仇人的身畔，鄭氏又有著更多的揪心和恐懼。那牽掛也是寫在臉上的。上官婉兒必定也如當年的武則天那般安慰母親，只是當年的「天子」，換成了現在的「天后」。

見天后庸知非福？

武則天在太宗朝的前途，止於才人。坊間盛傳關乎一匹烈馬，人稱獅子驄。此馬無人能馴服，媚娘挺身而出，揚言只需三件東西便可將其制服：鐵鞭，鐵錘，利劍。鐵鞭不能制服，改用鐵錘，若仍不能，就用利劍刺進脖頸，將其擊斃。太宗聽後怏怏，誇媚娘有丈夫氣，但從此在心裡也就冷落了她。也許，太宗嗅到了某種被威脅的氣息。

上官婉兒在高宗朝的命運，始於才人。

一個強而有力的天后，仍然需要同盟。

密葉因裁吐，新花逐翦舒。攀條雖不謬，摘蕊詎知虛。春至由來發，秋還未肯疏。借問桃將李，相亂欲何如。

——〈奉和聖制立春日侍宴內殿出剪綵花應制〉

此詩經郭沫若先生考證，確定係上官婉兒十四歲時所作，剛進宮不久。春和日麗，天后心情好，在宮內舉辦剪紙活動，並以之為題，命眾賦詩。

逐，依次排列。首聯意思為，隨著剪刀的翻飛，紙剪綵花一朵朵舒展、盛放。第二、

三、四聯營造虛實相映的意境，剪刀下的彩色紙花與大自然的真花真樹兩相穿插、輝映。紙花以假亂真，逗惹著人要攀折採擷，不親自嗅聞，又豈知真假？只是紙花可如真花，在這旖旎春光中在剪紙遊戲中團團綻放，至秋天卻也不會凋零，試問花開有時的桃樹李樹，你們發現這一狀況該當如何？

最後一句問得俏皮，頗有畫面感，似能想像桃樹君李樹君眼見這景象時的錯愕。詩中瀰漫著少女式的歡脫與天真，與其後來諸多應制詩風格迥異，是婉兒唯一留存的能體現其少女時代生活的詩歌。該詩對仗工整，平仄符合，被鄭振鐸先生稱為「正是律詩時代的最格律矜嚴之作」，可見因一首雙頭牡丹詩被徵選入宮的上官婉兒，並非只是一時僥倖。你也可說十三載掖庭的磨礪，正是為了有一天能讓人刮目。

雖是罪臣之後，女奴出身，依然可以以才自拔，躋身名流，英雄不問出處，正所謂：借問桃將李，相亂欲何如。或許這就是一個王朝草創之初的氣象，人人渴望著風雲際會，倚劍對風塵。

高宗後宮，一定也祕密且熱烈地傳播著這樣一個故事：太宗的小才人，在太宗病榻前引誘太子。後流落尼庵，幾近湮滅時又捲土重來，借高宗上位，母儀天下，再一路過關斬將，直至成為現在的天后，傲視歷朝歷代的所有皇后。

這樣的勵志楷模，一定鼓舞著後宮無數不安於現狀的野心家們。武則天的兒子們，一如當年的太子，時刻提供著這種可能性。太子李賢更是風神端雅，廣受朝野盛讚……

人生大幕徐徐拉開，命運似藏著無數可能。

第四章〈彩書怨〉：一場愛情的來訪

傍池聊試筆，倚石旋題詩。豫彈山水調，終擬從鍾期。

——〈流杯池〉之四

聊，略微。豫，同「預」，預備。鍾期，即鍾子期。伯牙鼓琴，志在高山流水，子期心有靈犀，聽出泰山之巍峨、江河之遼闊。世謂伯牙之念，鍾子期必得之。後，子期死，人間再無知音，伯牙乃絕弦破琴，終身不復鼓琴。

步近池塘取水潤筆，倚石題詩，預備彈琴，模仿伯牙奏一闋〈高山流水〉，遙祭逝去的子期。伯牙與鍾子期的故事，世代流傳，喻知己的難得難遇，或謂靈魂伴侶的相與追隨，也即現代人說的「真愛」。儀鳳元年（六七六），上官婉兒入宮，年僅十三歲。光陰流逝，清寂無聲，少女的懵懂青澀竟也悄然褪去，成年女性的種種美好，在眉間、眸子裡，在舉手投足、顧盼流離中，漸次綻放。

正史中的上官婉兒，這一時期仍然難覓其蹤跡，情感生活的相關記載更是一段空白，坊間傳聞，亦真真假假，無從辨析。可誰又知道呢？歷史所隱藏的，往往比呈現得要多。有時，野史、傳說，抑或歲月流轉本身，都會成為故事的一部分，虛實輝映，一起訴說著婉兒的心事，也訴說著傳播者的心事。

那些隱祕的心動。

隱祕的心碎。

章懷太子的悲歌

李賢，生於永徽五年（六五四），高宗與武則天的次子，繼廢太子李忠、前太子李弘之後，為高宗朝第三任太子。

上元二年（六七五），太子李弘隨父皇、母后在洛陽禁苑的合璧宮休養時，暴病身亡，時年二十四歲。李弘死後一個月，二十二歲的雍王李賢被立為太子，史稱章懷太子。

高宗的所有兒子中，李賢被公認為天分最高、最有儲君風範。傳統史家提及這位皇子，也常難掩痛惜之情，因為他是唯一一個有希望替他們扳倒武則天的皇子。

小小年紀，李賢便已顯出神童氣質，《尚書》、《禮記》、《論語》等過目成誦，均不在話下。當年太子李弘跟老師學習《春秋》，讀到楚國世子芈商臣弒父以早日攫取皇位這部分，便大聲抗議，不想讀這種書，認為故事太過殘酷，無法接受。為了照顧李弘的玻璃心，老師只好改講些「高尚」的故事。而同樣年幼的李賢，則已能在「賢賢易色」這類警世格言中，悟出品德與美色的涇渭、輕重，可說政治天分高出哥哥許多，這實在令憂心自己時日不多的高宗欣喜。

龍朔元年（六六一），年僅八歲的李賢便被封為沛王，次年，又加授揚州大都督，麟德二年（六六五），又授為右衛大將軍，咸亨三年（六七二），徙封雍王，授涼州大都督、雍州牧、右衛大將軍。成年後，李賢還獲得特權，在太子李弘生病期間，代為處理太子府政務，監國聽政。史載李賢監國期間，「處事明審，為時論所稱」（《舊唐書》）。

自被立為太子，李賢表現日益精進。數次監國、忙於政務的間隙，還撰寫了《春宮要錄》十卷、《列藩正論》三十卷、《修身要錄》十卷等一系列國政心得。上元二年（六七五）六月，剛成為太子的李賢，便在府中召集一批學者，為范曄的《後漢書》作注。歷時一年多，完成了這個浩大的工程。

這一事件使太子賢聲名大振，後世學者也頗多譽美之詞，如清代學者王先謙曾言「章懷之注范，不減於顏監之注班」。在他看來，李賢注范曄的《後漢書》，可與太宗朝弘文館學士顏師古所注班固的《漢書》媲美。儀鳳元年（六七六）臘月，李賢將此書獻給高宗，高宗甚為欣慰，一口氣賞賜了三萬段絲綢，讚賞太子「好善載彰，作貞斯在，家國之寄，深副所懷」（《舊唐書》）。

民間傳說中，這一時期的上官婉兒儘管有許多追求者，甚至包括皇子李顯、李旦在內，他們都仰慕她的才學與美貌。但婉兒真正屬意的，似只有太子賢。婉兒現存唯一的閨怨詩〈彩書怨〉，據傳便是當年寄語太子賢的。

在世人眼裡，太子賢容止端雅且有經世之才，上官婉兒亦才貌兼備，兩人最當得起「金童玉女」童話的男女主角。其時婉兒正值如花美眷、春心萌動的年華，太子賢風流俊朗，又長她十歲，亦兄亦父，當是最能滿足這位掖庭出身的孤女心中對美好愛情的嚮往。婉兒心泛漣漪，芳心暗許，想來再正常不過。其時武后繼續參議朝政，太子賢時常代父監國，朝堂政務當多會與武后商議，後宮之中，最常出現的男人的身影，除了高宗，應是太子賢了。不管是一見鍾情也罷，日久生情也罷，兩人總歸是有基礎和機會的。

當太子賢遠遠走來，身為李唐江山的繼承者，未來大唐天下最有權力的男人，在後宮那些躍躍欲試的野心家眼裡，太子賢該是像《大話西遊》中紫霞仙子描繪的她的蓋世英雄的樣子：身披金甲聖衣，腳踏七色雲彩。

可是，這位集萬千寵愛於一身的皇子，好像總是心事重重，眉宇間或掠過憂悒之色。

宮闈之中經久流傳著一則祕聞，那就是太子賢的身世之謎。這個祕密自太子賢出生便開始傳播，是宮內侍女熱衷的材料，上官婉兒在掖庭宮時想必就已耳聞。隨著李賢長大，流言並未消失，反而越傳越烈。至李賢被立為儲君，當朝太子乃韓國夫人所生已成為公開的祕密。其時，高宗在那麼多孩子中，對太子賢格外寵愛與器重，在在都提醒著人們當年那段被武后生生掐斷的私情……

經過對種種史料的篩查，現代許多學者傾向於認定，李賢確係韓國夫人所生。如歷史資料中，李弘、李顯、李旦，均留下幼年備受母親武后寵愛的紀錄，唯李賢無。再如，李顯被流放房州十餘載，李旦也遭長年軟禁，但均性命無虞。但李賢，在高宗這把保護傘殯天後不久，便奇怪地死在了流放地。再有，李賢生前育有三子，即使在他死後，武則天這位史上最毒祖母，也並未釋放自己無辜的孫子，而是繼續軟禁。十八年都未獲准踏出庭院一步，還經常挨打。直至後來一個被殺，一個病死，僅剩邠王李守禮活到開元年間，身心病痛，提及往事總潸然無語。林語堂先生的《武則天正傳》正是託李守禮的回憶，撰寫祖母武則天的鐵腕人生。

隨著成長成年，太子賢當是獲悉並確定了自己身世的祕密。只是這樣一來，便須面對一個現實：自己一天天叫著「母后」的這個女人，或許曾鴆殺自己的生母和姐姐。午夜夢迴，如何在這世間、在亦敵亦母的武后身畔自處，曾時時在太子賢心中陰魂不散。

作為雍王時，李賢便被認為是諸位皇子中氣質最憂鬱的，與武后是最疏遠的。也許與武后之間的那股悄然湧動的暗流，只有當事人自己能會意。其時，一個是能左右決策的天后，一個僅為辦差的王爺，利益衝突尚未明朗，待李賢成為儲君，太子府與武后勢力之間勢必遭遇正面交鋒。暗流的湧動匯聚成潮汐之勢，只是時間而已。

詩篇〈彩書怨〉

終有唐一代，宮內每一股勢力的崛起，都是以編書為名，在府內集結各路精銳。當年，太宗還是秦王時，王府薈萃人才，號稱秦府十八學士。接著，太宗之子魏王李泰以編《括地志》為名，招納人才入府。同樣，武后的北門學士也是打著編書的幌子，培植羽翼。現在，李賢剛任太子不久，立刻以注《後漢書》為名，在太子府招兵買馬。至於目標，眾人皆看在眼裡。偌大朝堂，需要堂堂太子府小心對付的，無非就是武后的北門學士。

草蛇灰線，伏脈千里。那些年一直在背光處暗地裡盤旋的隔閡、猜忌，甚至憤怒，漸漸浮上水面。母子之間的奪權勢所難免。史載，李賢自成為太子，不甘再受武后壓制，數次的代父監國中，政務上的處理，也不再聽命於武后，時時擺出我太子府乃名正言順的「準朝廷」的架勢，似有逼天后讓權之勢。衝突漸劇。此時謠言再起，有說太子賢專挑《後漢書》作注，實乃影射武后弄權，因為范曄《後漢書》中對東漢大權旁落呂后和外戚這一段歷史，有詳細記載。

坐以待斃向來不是武則天的作風。

武后命北門學士專門撰寫《少陽正範》和《孝子傳》，叫人送與太子閱讀。前者用以規範太子言行，後者教太子如何為人子，意在警告。此外，還有若干的必讀書目、親筆書信，時時傳給太子的各種旨意。總之，武后的第一步，是在言行上加緊對太子賢的控制。史傳，其時充當武后與太子之間「信使」的，便是上官婉兒。後來，武后索性將婉兒派往太子府，名為太子侍讀，實為武后安插在東宮的眼線。

婉兒是武后的人，太子賢自當了然，然而卻不得不「笑納」母后的「好意」。婉兒傾心於太子賢，卻也不得不將東宮的一切行止報備給自己主子。左右都是一個身不由己，連選擇的資格都沒有。而在這鬥智鬥勇的過程中，一方面各有盤算，一方面又比以往有了更多的相處、陪伴，更多的互相欣賞，更多的互相吸引。隨著爭鬥的深化，吸引也在增強……

對峙多時後，一個名叫明崇儼的五品官員打破了局面的平衡。明崇儼原為方士出身，頗懂些厭勝之術（厭勝又來了），某日對武后密諫，當朝太子無帝王相，「不堪承繼」云云。此乃真真一著高棋。生在無法整容的時代，一句太子面相與大唐江山八字不合，立即將李賢的種種過人之處給否定了。

更為厲害的是，此「密諫」長了飛毛腿一般，立即傳到太子賢的耳朵。史載，李賢獲悉後神情憂悒。這才是武后真正想要的效果。太子是否真的面相有問題並不重要，武后深知，流言可以挫人銳氣。太子畢竟年輕，縱然滿腹經綸，卻無甚閱歷，遑論實戰經驗。

與武則天這樣一個在血雨腥風中成長起來的政治老江湖交手，李賢太過稚嫩。

果然，心裡受了打擊的太子賢，終日鬱鬱，再也無心政務，而是在東宮與小子們鬼混。太子府種種穢聞在後宮傳播著。武后知道，流言縱能擊垮李賢的心理防線，然要徹底扳倒堂堂太子，這些顯然是不夠的。

不久，明崇儼遇刺身亡。

武后下令全城搜捕嫌犯。搜到太子府時，上官婉兒密報武后，東宮私藏武器。眾目睽睽之下，太子府馬坊的幾百領甲冑被翻出。這一廂，太子近侍被捕，酷刑之下，終於招認自己受太子指使，殺了明崇儼。一面私藏武器，一面刺殺曾預言自己無帝王相的五品朝臣。

太子賢謀逆之罪，證據確鑿。

畢竟是親生兒子，又那麼聰慧，高宗有寬宥之意，希望大事化小。武則天則堅持大義滅親：「為人子懷逆謀，天地所不容；大義滅親，何可赦也！」（《資治通鑑》）原本或會是一代明君，倏忽之間，翅翼折斷，遺恨於人間煙塵。在完美的證據面前，高宗也保護不了自己最愛的孩子。

調露二年（六八〇），李賢因謀逆罪被廢為庶人。史傳，上官婉兒領命替武后起草詔書，意謂「太子懷逆，廢為庶民，流放巴州」。

此生，上官婉兒再未見過太子賢。

葉下洞庭初，思君萬里餘。露濃香被冷，月落錦屏虛。欲奏江南曲，貪封薊北書。書中別無意，唯悵久離居。

——〈彩書怨〉

此詩描摹閨中女子在秋意漸濃的夜晚思念愛人的情形。首句化用屈原〈九歌．湘夫人〉中的名句「嫋嫋兮秋風，洞庭波兮木葉下」。「露濃」、「月落」代表時間已近深夜，「香被」、「錦屏」暗示物境的優渥，洋溢著花團錦簇之感，而緊隨其後的「冷」、「虛」又將這種明亮的奢華置於黯然的憂傷中。

江南曲，樂府名曲，閨怨情詩的代表。薊，古地名，在今北京城西南。本想奏一闋〈江南曲〉來解悶，轉瞬又貪戀於收到來自薊北的書信。一個「欲」、一個「貪」將情緒陡然轉換，意欲振奮，轉而沉鬱，又因這意欲自我強迫的振奮，使這沉鬱越發顯出悽切。相思之情因而有了層次和空間感，自然銜接到尾聯：鴻雁傳書別無他事，只是因為分別太久而悵恨滿懷。通篇勻稱，情緒流轉圓潤，無一突兀，鍾惺在《名媛詩歸》中讚美此詩：「能得如此一氣之清老，便不必奇思佳句矣！」

〈彩書怨〉是上官婉兒唯一留存的直敘自己心事的詩歌。據傳此詩與太子賢相關。不管真實度有幾分，終也教人知道，上官婉兒也如平常的年輕女孩，在她最好的年華，也曾在燈影下苦苦等過某一個人的來信。

然而，即便此詩真的是為太子賢所寫，其實也是不可能留下任何證據的。李賢被廢第二天，李顯便被立為太子，由此可見武則天對李賢的極度厭恨，婉兒當時是絕不敢流露出任何情思的。

李賢流放之時，弟弟李顯前來送行。時值冬日，李賢一家上下卻連一件禦寒的厚棉衣都沒有，李顯心有不忍，上書為哥哥一家求取衣物。《全唐文》載：

臣某言：臣聞心有所至，諒在於聞天。事或可矜，必先於叫帝。庶人不道，徙竄巴州。臣以兄弟之情，有懷傷憫。昨者臨發之日，輒遣使看，見其緣身衣服，微多故弊，男女下從，亦稍單薄。有至於是，雖自取之。在於臣心，能無憤愴。天皇衣被天下，子育蒼生，特乞流此聖恩，霈然垂許。其庶人男女下從等，每年所司，春冬兩季，聽給時服。則浸潤之澤，曲沾於螻蟻。生長之仁，不遺於蕭艾。無任私懇之至，謹遣某官奉表陳請以聞。

即便是皇族，即便是母與子，一朝失勢，連一件保暖的衣服都不配有，連皇子本身，也如一件舊衣服，被遠遠地丟棄了，遑論其他人。波譎雲詭的宮廷政治如是。這當是上官婉兒進宮後學到的重要的人生第一課。

縱然曾經心動過，縱然曾經心碎過，曾因輔佐皇后謀害自己意中人而悲痛欲絕過，這一切都只能交付於內心，交付於無數個煎熬、崩潰的深夜，讓那些無法與人述說的心事，緩緩地，緩緩地，釋放到浩浩夜色之中。

亙古如斯的長夜，能容納所有，寬恕所有。

太子之殤與武后的手段

至上官婉兒輔助武則天廢掉太子賢，高宗朝已經有三位皇子相繼當過太子，又相繼成了前太子。

一號太子：李忠。

永徽六年（六五五）十一月一日，武則天取代王皇后成為後宮新主。被立為皇后的第三天，武則天便授意心腹許敬宗上疏，請求高宗廢太子李忠，改立李弘。其時李忠已目睹王皇后被廢、又被虐殺的慘劇，早嚇得魂不附體。得知皇后之意，李忠趕緊上疏，主動懇求被廢。高宗念及太子懂事，滿足太子請求，改封為梁王，擔任梁州都督，即刻赴任。

二號太子：李弘。

六五六年元旦，武則天的長子李弘被立為太子，為慶祝儲君的更換，朝廷改年號為

「顯慶」。李弘做了近十年太子，七次監國，高宗早已將其視為繼承大統的不二人選。誰料，上元二年（六七五）太子在隨父皇、母后到洛陽禁苑休養玩耍時，暴病身亡，時年二十四歲。李弘之死，坊間多有爭議，有說李弘久病成癆，遇風寒後急性發作而亡，有說是遭到武則天的鴆殺。

如成書於肅宗時期的《唐歷》所言：「弘仁孝英果，深為上所鍾愛，自升為太子，敬禮大臣鴻儒之士，未嘗居有過之地。以請嫁二公主，失愛於天后，不以壽終。」李弘仁孝英明，是一塊當皇帝的好料，父皇高宗甚是喜愛，也頗得臣屬敬重。自立為太子，李弘訥言敏行，沒犯過什麼錯。只因咸亨二年（六七一）在掖庭宮逛了一圈，親見姐姐受苦，於心難忍，遂請求父皇將她們好好出嫁，這讓武則天很沒面子。於是，李弘暴卒於洛陽行宮。

不管歷史真相如何，第二任太子也出局了。

三號太子：李賢。李弘死後一個多月，二十二歲的雍王李賢被立為太子。調露二年（六八〇），太子賢以謀逆罪被貶為庶人，流放巴州。民間流傳一首詩〈黃瓜臺辭〉，據傳為太子賢所寫。

種瓜黃臺下，瓜熟子離離。一摘使瓜好，再摘使瓜稀。三摘猶自可，摘絕抱蔓歸。

——〈黃瓜臺辭〉

離離，形容草木繁茂，語出《詩．小雅．湛露》：「其桐其椅，其實離離。」這首詩裡，太子們被比喻為藤蔓上的黃瓜，母親自然是瓜農了。黃臺下種著瓜，瓜熟蒂落，景緻喜人。唯願瓜農知曉，摘去一顆瓜或可使其他瓜長勢更好，若再摘一顆，瓜就變得稀疏了，而若一摘再摘，最後便會無瓜可摘，只剩藤蔓了。相對武則天殺伐決斷中種種剛硬、強勢、冷酷，此詩充滿無盡哀傷、哀怨之情。鍾惺評論此詩：「深有漢魏遺響，妙於〈煮豆〉歌。」

〈煮豆〉歌意即曹植的〈七步詩．煮豆燃豆萁〉。曹植，曹操第四子。因年少有才，得父賞識，而遭哥哥曹丕猜忌，後鬱鬱而死。

煮豆持作羹，漉菽以為汁。萁在釜下燃，豆在釜中泣。本自同根生，相煎何太急？

兩詩而言，都是政治爭鬥中被屠戮的血脈親情，至親又至遠。也許正因為至親才要斬草除根，永絕後患。曹植用豆和豆萁比喻兄弟相煎，筆調略有困惑，更多的卻是怨憤。尤其是千古流傳的名句「本自同根生，相煎何太急？」於咄咄質問中又顯出對其行徑的不恥。而〈黃瓜臺辭〉中李賢用瓜農和瓜喻母與子，瓜屬於瓜農，瓜農主宰瓜的生死，身分等級天然的壓迫感，比豆和豆萁更讓人窒息。

儒家傳統中成長的李賢，無法對母親發出「相煎何太急」的逼問。李賢只能是一種無助的哀嘆。並不怨憤自己的厄運，只是奉勸母后，不要對親生兒女趕盡殺絕。細品之，便不由得感覺這詩裡的武則天就像童話裡陰鷙的女巫，張開雙手，撐開巨大的黑色披風，森林立即籠罩在她的陰影下，手裡拿著小風車的孩童便在這龐然的陰影中一步步往後退……

但即便如此，李賢也並非最後一顆被母親武則天摘掉的瓜。從永徽六年（六五五）到光宅元年（六八四），武則天用了約三十年的時間與太子們鬥法。這期間，對武則天，是步步為營、政治資本的累積期。但對她的孩子們而言，卻像結在藤蔓上的瓜，是一顆一顆被摘除的歷程。

李顯，在哥哥被廢後第二天被立為太子。弘道元年（六八三），高宗駕崩，遵遺詔，李顯在梓宮父皇靈柩前加冕即位。經歷了四任太子人選的遷換，李顯是唯一終於坐上皇位的人。但皇位還沒坐熱呢，兩個月不到，李顯被武則天從帝王寶座上拖下來，貶為廬陵王，流放房州。

李顯被廢後，輪到武則天最後一個兒子，也可說最後一枚棋子李旦了。與哥哥們比，李旦的經歷更為吊詭。沒做過一天太子，卻直接做了皇帝，史稱睿宗。但他的遭遇也沒比哥哥們好多少，剛被加冕，很快就被送到偏殿軟禁起來。這一軟禁也是十多年。與李旦一同被軟禁的還有他的兒子——李隆基——開元盛世的開創者。

其時，高宗與其他嬪妃所生的皇子們，均被貶往邊僻之地擔任刺史。可這也並未使武則天安心。血統是原罪，只要這些皇子身上淌著高宗的血，他們就是潛在的威脅。對自己的兒子尚念及骨肉之情，流放、軟禁而已，其餘的便逐一誅殺。麟德元年（六六四），廢太子李忠在上官儀事件中被牽連賜死。弘道元年（六八三）高宗駕崩後，李賢死在流放地。天授元年（六九〇）武則天稱帝後，高宗與楊宮嬪所生的李上金、與蕭淑妃所生的李素節，均被賜死。

在武后逐一剪除太子的程式中，為武則天工作的上官婉兒，照例影影綽綽，沒有在史料中留下任何確定的痕跡。唯調露二年（六八〇）那封廢太子李賢為庶民的詔書「太子懷逆，廢為庶民，流放巴州」，史傳為婉兒起草。如此，上官婉兒的際遇便第一次與祖父上官儀重合了。

曾經，上官儀領命，起草廢太子李忠為庶人的詔書。九年後，上官儀又被誣與李忠謀逆作亂。本來自各為其主的陣營，原該勢不兩立，最後竟然結伴下黃泉，罪名還是勾結。而上官婉兒，奉命起草廢太子賢的詔書，卻又在唯一留存的閨怨詩〈彩書怨〉中，寄語太子賢：「思君萬里餘」。祖孫兩人的命運都緊緊攥在武則天手中，遭其撥弄。只是當年的上官儀在初次交鋒中便被拿下，現今的上官婉兒將會用長達三十年的時間，來詮釋什麼叫「伴君如伴虎」。

其時，歷史上臭名昭彰的酷吏時代已拉開序幕，長達十餘年的風聲鶴唳，無人能獨善其身。

第五章　梅花妝與權力的血色時代

登山一長望，正遇九春初。結駟填街術，閭閻滿邑居。鬥雪梅先吐，驚風柳未舒。直愁斜日落，不畏酒尊虛。

——〈流杯池〉之五

九春，指春天。春季共九十天，故名。駟，同駕一輛車的四匹馬。術，古代城市中供車馬行駛的路。閭閻，里巷的門，指平民。邑，城，都市。九春之初，交遊踏青，登臨賦詩。路上車馬雜沓，都市里巷也遍布遊春賞春之人。

前兩聯概寫遊春景致，第三聯筆鋒一轉，特寫鬥雪的梅、將舒未舒的柳。古人詠物，每有寄託。梅，四君子之首，花開爛漫，然在風雪中綻放，不愧有丈夫氣。柳，若纖纖女子，殘雪離離，倚風而立，只待春意來臨便可扶疏。梅剛，柳柔，剛柔並濟，是上官婉兒詩歌慣用的意象並置。細品之，梅的傲雪之姿中男兒式的昂然無懼，柳的驚風之態中女兒式的嬌柔溫婉，形成初春特有的風景。乍暖還寒處，有剛健也有嫵媚。

用這天地間春冬交會之際的獨特態勢，喻武則天臨朝稱制初期的朝廷局勢，似無不可。一眾臣僚的抗拒，李唐宗室的質疑，加之能在短時內迅速集結數萬兵力的揚州叛亂，都在顯示天下人對「女皇」有限的接受度。於是乎，垂拱年間武則天為鞏固自己統治而興起的酷吏政治，猶如春天到來前，寒冬最後的凜冽。

文學史中的酷吏之影

嗣聖元年（六八四）二月，武則天先後將兒子李顯、李旦從皇位趕下，開始獨斷朝綱時，她的皇帝之夢已成司馬昭之心，世人皆知。李唐江山岌岌可危。

九月，揚州發生叛亂。

曾在武則天登后程式中以一句「此陛下家事，何必更問外人」而起四兩撥千斤之效的正一品司空李勣，其孫李敬業，在揚州糾集數萬人，打出匡復大唐的口號，號召百姓，製造輿論，號令天下人伐武。其中最著名的反武檄文便是駱賓王那篇〈代李敬業傳檄天下文〉（後改名〈討武曌檄〉）：

偽臨朝武氏者，性非和順，地實寒微。昔充太宗下陳，曾以更衣入侍。洎乎晚節，穢亂春宮。潛隱先帝之私，陰圖後房之嬖。入門見嫉，蛾眉不肯讓人；掩袖工讒，狐媚偏能惑主。踐元後於翬翟，陷吾君於聚麀。加以虺蜴為心，豺狼成性；近狎邪僻，殘害忠良；殺姊屠兄，弒君鴆母。人神之所同嫉，天地之所不容。猶復包藏禍心，窺竊神器……

行文汪洋恣肆，氣勢雄拔，一貫直下。據載，武則天讀過這篇檄文，都被駱賓王光華絢爛的文采所折服。

然，折服歸折服，叛軍討伐，刻不容緩。武則天徵求群臣意見，環顧朝堂，高宗臨終欽定的顧命大臣裴炎進入眼簾。武則天問之，裴炎答：「天子年長矣，不豫政，故豎子有辭。今若復子明闢，賊不討而解。」（《新唐書．裴炎傳》）意謂皇帝成年卻始終未能親政，才讓小人有了造反的藉口，若還政與皇帝，叛軍便會自行瓦解。

武則天默然。

九月還沒過完，這位中書令裴炎大人，問斬於都亭驛，家財收沒入官，家眷流放嶺外。

前有李勣之孫起兵叛亂，後有裴炎臨危逼宮。武則天以為民間叛亂，根在朝臣。《資治通鑑》載：

太后自徐敬業之反，疑天下人多圖己，又自以久專國事，且內行不正，知宗室大臣怨望，心不服，欲大誅殺以威之。乃盛開告密之門，有告密者，臣下不得問，皆給驛馬，供五品食，使詣行在。雖農夫樵人，皆得召見，廩於客館，所言或稱旨，則不次除官，無實者不問。於是四方告密者蜂起，人皆重足屏息。

從此告密泛濫，隨意攀咬、株連、羅織罪名成風，時謂「一人被訟，百人滿獄，使者推捕，冠蓋如雲」（陳子昂〈諫用刑書〉）。酷吏政治拉開帷幕，是時「海內懾懼，道路以目」（《舊唐書．刑法志》）。

酷吏橫行前後達十四年之久，所使的種種暗黑手腕、逼供酷刑，罄竹難書，許多史料均有記載。就文學史而言，酷吏政治貢獻了兩個成語。

請君入甕。講的是兩個酷吏的故事。天授二年（六九一），受武則天的指使，酷吏後起之秀來俊臣策劃收拾酷吏前輩周興。飯桌上，來俊臣假意向周興討教：「囚多不肯承，若為作法？」人犯多不願自行認罪，怎麼才能順利將他們變成犯人？酒過三巡，前輩周興不免得意，他舌粲蓮花：「甚易也。取大甕，以炭四面炙之，令囚人處之其中，何事不吐！」（《太平廣記》）來俊臣擊掌，說不愧是前輩，的確好主意！便立即叫人抬進一口大缸，請周興進去坐一會兒。

若說成語「請君入甕」講的是酷吏組織內部相互攻訐時的無節操無底線，另一個成語

「唾面自乾」則講這一特殊政治時期，風聲鶴唳，人人自危。

典出名宦婁師德。

婁師德，進士出身，東征契丹，西攻吐蕃，出將入相，戰功顯赫。但就是這麼一個文武雙全的能人，在其弟要去地方當刺史時，臨別訓話：「吾備位宰相，汝復為州牧，榮寵過盛，人所疾也，將何以自免？」為弟的明白哥哥的苦心，保證不惹事：「自今雖有人唾某面，某拭之而已，庶不為兄憂。」可婁師德搖頭，並不滿意：「人唾汝面，怒汝也；汝拭之，乃逆其意，所以重其怒。夫唾，不拭自乾，當笑而受之。」（《資治通鑑》）人家啐你便是為激怒你，你若當面擦拭，就違背人家的意願，會讓他更生氣，結局也只會更壞，最好的做法當是若無其事，保持微笑，任口水自乾……

一代名宦亦被酷吏政治摧折至此，實在令人膽寒。

太平公主的悲劇

垂拱四年（六八八）四月，有人從洛水中打撈上來一塊石頭，上有八個紫紅色大字「聖母臨人，永昌帝業」，時謂祥瑞，意即改朝換代的時機已然成熟，宇宙天地、萬物生靈都做好準備，恭候新皇聖駕。

據《舊唐書．武承嗣傳》載，這塊祥瑞之石係武則天的姪子武承嗣偽造，意在藉助「天意」，協助武則天最後登頂帝座。不論真假，既然歷代天子都講究天命，自然會有祥瑞在合適的時機出現。比如先帝太宗，本來只想安分做個秦王，沒想太白星出現在西方秦分，提示他天意降臨，這樣一來，就不得不去搞個玄武門政變了。

有天命，便有天命不可違。既然祥瑞現於洛水，武則天豈有不受之理！武則天頒布詔令，決意年底親臨洛水，舉行受圖大典，祭祀天神，並在明堂接受百官朝賀。詔令所至，各州的都督刺史、李唐宗室、外戚均得在洛陽集合，共享這盛世榮華。

但李唐宗室不這麼看。外界紛紛揣測，祥瑞是假，盛事是假，不過是武則天以此為藉口把李唐宗室餘下的人趕到一起，來個一網打盡。宗室成員開始祕密聯絡，謀劃反武。其時高宗的兒子們死的死、流放的流放，沒一個用得上，只好由宗室的前輩們來替天行道了。此次政變參與者包括唐高祖之子韓王李元嘉、太宗之子越王李貞等。

然，密謀很快洩漏，伐武行動被迫提前展開。垂拱四年（六八八）八月，李貞父子倉促起兵。

兵敗。

正中下懷。武則天乘機大肆殺戮。高祖二十二子、太宗十四子，皆被盪滌一空，無一存活。太平公主之夫薛紹，亦在株連名單中。

此時太平公主二十五歲，與薛紹成婚八年，婚姻美滿幸福，兩人已育有四個子女。

多年前某次皇家宴會上，太平公主一襲男裝現身筵席，如唐朝壁畫中扮男裝的女子所示：頭戴幞頭，身穿繡有花飾的翻領小袖長袍，腰束帶，下身著緊口條紋褲，腳登翹頭靴。太平公主這般裝束，是要暗示父皇母后，女兒長大成人，已到尋找如意郎君的年紀了。

對這唯一的女兒，高宗、武后一直視為掌上明珠，寶貝得緊，此次選婿自然不能大意。經多次遴選，最後才挑出這位名叫薛紹的年輕人。薛紹出身河東大族薛氏，其父也是駙馬，其母乃太宗與長孫皇后的女兒城陽公主，也即高宗的親姐姐。可謂門當戶對，親上加親。

開耀元年（六八一）那場曠世奢華的公主婚禮恐怕世人都還記憶猶新。《新唐書．公主傳》載：「假萬年縣為婚館，門隘不能容翟車，有司毀垣以入，自興安門設燎相屬，道樾為枯。」婚典殿堂設在長安的直轄縣萬年縣的縣衙，可公主的婚車豪華龐大，萬年縣衙的大門都無法通過，於是只好連縣衙的牆都拆了。婚禮在晚上舉行，從長安城最東北的興安門，到城東南的萬年縣衙，一路上火炬高熾，燃成一條火龍，道邊的樹也給烤焦了。其時值開耀元年（六八一）七月，高宗病勢纏綿許久，命不久矣，但愛女心切，仍強撐精神，作詩誌喜：

龍樓光曙景，魯館啟朝扉。豔日濃妝影，低星降婺輝。玉庭浮瑞色，銀榜藻祥徽。雲轉花縈蓋，霞飄葉綴旗。雕軒回翠陌，寶駕歸丹殿。鳴珠佩曉衣，鏤璧輪開扇。華冠列綺筵，蘭醑申芳宴。環階鳳樂陳，玳席珍羞薦。蝶舞袖香新，歌分落素塵。歡凝歡懿戚，慶葉慶初姻。暑闌炎氣息，涼早吹疏頻。方期六合泰，共賞萬年春。

兩年後，高宗與世長辭。

「方期六合泰，共賞萬年春。」百年好合的祈願盡在一位父親的殷殷祝福中。

武則天畢竟憐憫親生女兒，薛紹因之沒有被梟首朝堂，而是被投入監獄，杖餓而死，留得一副全屍。

陳子昂在〈諫用刑書〉裡喟然道：「然則為人父母，固當貴於德養，不可務於刑殺……」

史料顯示，二十五歲前的太平公主，雖為唐一代最受寵愛的公主，身分顯赫尊貴，但從未涉足政治。家庭美滿，兒女繞膝，與夫薛紹亦是神仙眷侶般，過著雍容華麗的貴族生活。

原本以為會永遠這樣歲月靜好，可，哪裡有永遠？丈夫薛紹只因生於皇族，便被杖餓而死，而凶手，是自己的母親。

感情與權力較量，永遠不堪一擊。太平公主因此猛醒，用學者蒙曼的話說：「她從一個嬌媚純真的少婦一下就轉化成了一個心機深沉的女人。母親武則天遺傳給她的政治家潛能被激發出來了。」

太平公主從此深深捲入宮廷政治，與上官婉兒一起成為武則天麾下的得力部屬。一個貴為大唐公主，一個出身掖庭，命運看似遙遙不相瓜葛，有時竟也是殊途同歸。

據載，太平公主辦的第一件討女皇歡心的差事，便是推薦張氏兄弟。

梅花妝的流行背後

酷吏時代，太平公主失去了丈夫，隨之而去的還有相夫教子、不涉政治的往日歲月。上官婉兒亦未能全身而退。

《舊唐書》載：「則天時，婉兒忤旨當誅，則天惜其才不殺，但黥其面而已。」本應是要被問斬的罪，愛其才，才手下留情，看來武則天這一動怒非同小可。此時，上官婉兒進宮多年，看慣了生死、黨同伐異和不擇手段，見識過武則天極冷酷、暴虐的一面。又前有太子賢後有太平公主的遭遇的提醒，「天性韶警」的婉兒究竟因為何事觸怒龍顏呢？

流傳甚廣的有兩則故事。

其一，與太平公主推薦給武則天的張氏兄弟有關。史傳，上官婉兒與張昌宗，兩人似暗通款曲，觸怒了武則天。女皇黥其面，以示嚴重警告。

其二，來自筆記小說的記載。史傳，武則天和宰相正在討論政務，循例，身為貼身祕書的上官婉兒應躲在簾後，聆聽，做記錄。但上官婉兒故意探出頭，在外廷官員前露臉，武則天甚是惱怒，一氣之下，施以黥刑。

兩則故事比較，第一則的真實性更低。男女間爭風吃醋、大打出手的俚俗野趣，只能說向來都是民間傳說的偏好。這則故事的寓意更可能是為了譏諷武則天年老色衰，全仗了淫威震懾，才迫使年輕美男子服侍左右。而滿腹委屈與不甘的美男子，大約只能靠對這位經常出現在武則天近畔才貌雙全的年輕女子的幻想的供養，才能完成使命。想一想兩位年輕的偷情者眼神交流中傳遞的默契，默契中隱含的對女皇衰朽肉身的嘲謔，實則是令人心生嫌惡的。

但實際情況應該並非如此，理由有二。

其一，上官婉兒偷情張昌宗，動機不成立。為一個顏值好的男人就五迷三道，不計後果，那是粉絲行為，絕不為政治家手筆。不論之前武則天身為皇后，一一拔除可能染指高宗臥榻的野心家，還是現在君臨天下，享受著對張氏兄弟絕對的控制權，對於自己看上的男人，武則天向來都有強烈的「護犢子」情結。如此秉性，上官婉兒陪侍女皇多年，若還瞧不出，也真的是白混了。

當年在高宗朝，前有高宗本人，後有諸位皇子，至少個個都出身皇族，貌似潛力股，外加武則天也還處於奮鬥期，掣肘太多，權勢並不像現在如日中天，那個時候，正值年少、經驗尚淺的上官婉兒尚能明哲保身。如今年近而立，在宮廷政治中練達多年，卻冒著忤逆女皇的危險，和一個無任何背景、只有一副好看皮囊的男寵鬼混，這種飛蛾撲火式的自毀，實在不像是上官婉兒所為。

其二，政治考量。男歡女愛於政治抱負、於權力來說，終究只配做點心，至多也就是個飯後甜品。這，應該是上官婉兒在武則天身畔學到的最重要的東西。

一個及長便「明習吏事」又「天性韶警」的女政治家，會自動賦予自己所有活動以政治優先性，因之上官婉兒在武則天時代的忠誠，應是無須懷疑的。但這忠誠也像高宗在世時武則天對高宗的忠誠，與其說是情感上的堅貞，不如說是深思熟慮的政治考量。同理，這種政治考量會讓武則天在高宗病危時，顧慮到權柄順利移交，自行做主將高宗帶到自己的勢力範圍——洛陽，卻不顧及高宗臨終想回長安的遺願：「天地神祇若延吾一兩月之命，得還長安，死亦無憾。」（《舊唐書》）亦同理，數年後，當武則天大勢已去、行將就木時，上官婉兒也會果斷參與神龍政變，一舉推翻女皇，以此換來自己在中宗朝的無限風光。

然，觸怒女皇究竟為何，真相早已淹沒在歷史煙雲中，無從查證。也許，與追究緣由相比，更值得關注的倒是刑罰本身：黥其面。

黥面，又稱墨面，即在臉上烙下文字或花紋，屬五刑之一。古代五刑分為兩種：奴隸制五刑和封建制五刑。奴隸制五刑指墨（又稱黥，面部刺字並染墨）、劓（割掉鼻子）、刖（砍掉腳）、宮（腐刑。我知道你想到了司馬遷）、大闢（死刑）。秦亡漢立以後，隨著社會進步、文明程度的提升，舊時的奴隸制五刑漸為封建制五刑所取代，即笞（用小荊條擰成的刑具抽打臀部）、杖（用粗荊條擰成的刑具抽打背、臀和腿）、徒（強制性勞役）、流（流放到邊僻之地）、死（死刑）。

上官婉兒所受黥刑，固為奴隸制五刑中量級最輕的，但是再想想吧，在面部刻字啊，無非意在提醒上官婉兒，她的出身，且讓她終生銘記，她只是沒入掖庭的罪臣之後，女奴而已。有她武則天在的一天，上官婉兒的生死或生不如死，皆是她說了算。

施於面部的黥刑，不僅上官婉兒自己每次梳洗時都能看到，任何與她照面的人一眼也可認出。如果說遊街是一種凌辱，雖無身體的痛楚，圍觀者的謾罵和扔在臉上的臭雞蛋、爛菜葉也損傷不了什麼，但它是人的精神和尊嚴上的一種凌遲。那墨面就像是終身的遊街，終身的凌遲。攜帶著奴隸的印跡行走於世，暴露在天下人的目光中，即便後來在她最輝煌的時期，迎風立綵樓評判當朝最優秀的詩人時，這個印跡卻永不磨滅。

武則天在上官婉兒面部何處刺字，並不確知。史傳，女皇的刀子紮在眉心。婉兒為遮蓋眉心刺印，貼上梅花狀的面飾，精心加以掩飾，卻無意間引領了美妝潮流，時尚女性爭相仿效。

時謂梅花妝。

武則天的稱帝之路

嗣聖元年（六八四），李敬業幕僚駱賓王寫詩〈討武曌檄〉，討伐武則天。長詩最後一句「請看今日之域中，竟是誰家之天下」，豪情萬丈，儼然正義使者。

秋冬之際，叛軍攻陷潤州後，軍威大振，其時，駱賓王又寫一首廣為流傳的五絕〈在軍登城樓〉。

城上風威冷，江中水氣寒。戎衣何日定，歌舞入長安。

江，指長江，潤州北臨長江。戎衣何日定，出自《尚書．武成》：「一戎衣，天下大定。」意謂即日便能收復山河，天下大定。時值秋冬之交，登臨城樓，舉目四望，萬木枯澀，江水寒涼，天地間一派肅殺之氣。然匡復之志在胸中升騰，待號令天下，著戎衣起事，入主長安。開歌舞昇平之盛世，將指日可待也。

這首五絕何等雄渾、高亢，不愧出自初唐四傑之一的大才子之手。然，武則天調集大軍三十萬，僅用一個多月的時間，便平定了這場唐開國以來規模最大的叛亂。

沒有什麼能阻擋武則天前進的步伐了。

天授元年（六九〇）重陽節，大周女皇登基，稱「聖神皇帝」，宣洛陽為神都，改置社稷，換旗幟尚赤紅色，改李唐宗廟為享德廟、武氏七廟為太廟，追尊武周的顯貴門第。

其時太平公主、上官婉兒皆二十七歲，目睹秋色長天中，一代女皇武則天立於巍峨的皇宮門樓，接受萬民朝賀，她們內心作何想法？那彩旗飄揚、震天鼓樂中，抑或有一陣軍營內戰鼓的擂動聲，穿越時間的隧道，進入她們的心中。

那戰鼓聲來自娘子軍，來自平陽公主的號令。

隋末，天下大亂，群雄並起，逐鹿中原。唐國公李淵舉反隋大旗，起兵晉陽，號令天下。李淵三女兒平陽公主獲悉父親王霸大業，動員丈夫柴紹北上助力，自己則在南山腳下、關中平原一帶，散盡家財，招兵買馬，為父助威。終集結七萬精銳，枕戈待旦，肅清京城周邊，協父順利入主長安。煙塵滾滾，軍旗獵獵，這支威震八百里秦川、人稱「娘子軍」的軍隊從人們的視野中呼嘯而過。馬隊為首的，正是這位巾幗豪傑，披甲挎刀，英姿颯爽……

這幅雄闊的畫面一定長久地、長久地，定格在唐一代女性的腦海中。在上官婉兒心中，在太平公主心中。它一定也曾出現在武則天的腦海中，這位有唐一代唯一擁有軍功、開府建衙的公主，鼓舞著武則天從「見天子庸知非福」，一步步，榮登大寶、蒞臨天下，直至完成了約半個世紀的統治。用學者蒙曼的話說，武則天「一手拉住貞觀之治的餘韻，一手挽起開元盛世的開篇」。

前有平陽公主，現在有武則天。唐一代，「她」的故事一直在流傳。

無論英雄、梟雄，都在好時光。

第六章　武三思：慾望與命運的糾纏

檀欒竹影，飆松聲。不煩歌吹，自足娛情。

——〈流杯池〉之六

檀欒，形容竹影的秀美身姿。飆，暴風，旋風，如曹植〈詩〉：「何意迴飆舉，吹我入雲中。」大風。竹影婆娑，松濤滾滾，這般美景，不用歌舞相助，已然能夠怡情。有詩評認為此詩得陶淵明「採菊東籬下，悠然見南山」之神韻，又或與王維「明月松間照，清泉石上流」有異曲同工之妙。

細讀之，吾不以為然。

竹影對松聲，仍是上官婉兒喜歡的意象並置。竹麗影姿柔、深秀婉媚，有女性陰柔之美，且近在眼前。遠處的陣陣松濤，在疾風中呼嘯滾過，呈現的不僅是相對竹影之嫵媚而言的雄剛之態，還有一種危機感。或是箭在弦上的緊迫，又或時而浮現、時而隱匿但從未消弭的，殺機。

再將第一、二句這兩個意象組合著看，這幅畫面，一柔一剛，張力盡顯。深秀嫻婉中掠過風聲鶴唳的暴烈，恰如宮廷，表面華麗吉祥，歲月靜好，底下風起雲湧，瞬息萬變。這自然是處於宮廷政治爭鬥漩渦外的陶淵明、王維等詩人所無法體會的，所以他們的詩才有一種與世無爭的從容。或也正因此，上官婉兒山水詩裡又有通常隱士詩沒有的特別韻味，一種凜冽的、咄咄的、甚至讓人產生逼迫感的美。

山水詩中亦露崢嶸。這，便是上官婉兒的人生。

武三思的仕途與慾望

光陰流逝，人生倏忽。不知不覺中，又經年。萬歲通天元年（六九六），上官婉兒三十三歲了。從十三歲進宮，以高宗才人的名義，長住後宮，為女皇工作已經二十年。若生在尋常家庭，做一個尋常的妻子，做一個尋常的母親，此時或許已兒女成群了。

然，人生畢竟無法假設。道是生老病死，愛恨嗔痴，人生不過如此，萬變不離其宗。其實人生又是那麼不同。一念天堂，一念地獄，抑或一轉身轉念之間，天地就已大不同。若當年真成為高宗才人，此時也許是在感業寺與青燈為伴，說是為先帝為大唐誦經禮佛，其實大唐已無關其事。又或，膝下有個一男半女，母以子貴，慵懶平和地在後宮了此餘生。但又只怕錯過了那些熱鬧、那些風雲際會，也未必是婉兒夙願。

遇到武則天，也許不是上官婉兒最好的歸宿，但無疑是最適合她的。她生來就是要與男兒爭鋒，過一種充滿爭議的人生。萬歲通天元年（六九六），李氏退休，三十三歲的上官婉兒成為掌機要，意即武則天的首席祕書，《太平廣記》卷二百七十一引〈景龍文館記〉載：「自通天後，逮景龍前，恆掌宸翰。其軍國謀猷，殺生大柄，多其所決。」如履薄冰的學徒期已近尾聲，上官婉兒正在步入人生佳境。

據學者推測，上官婉兒與武三思那段著名的私情，亦開始於此時。

她注定會過一種充滿爭議的人生，連一段私情也要被轟轟烈烈地載入史冊。《舊唐書》載，「婉兒既與武三思淫亂」，《新唐書》亦載，「婉兒通武三思」。用詞一為「淫亂」，一為「通」，簡單粗暴，不留餘韻，時隔千餘年，讀之尚能感覺到道德衛士們對這段私情恨得牙癢癢的樣子。

武三思，生於貞觀二十三年（六四九），其父武元慶是武則天同父異母的哥哥。後武元慶哥幾個得罪了武則天，被流放嶺南，武三思亦隨父流放。又過十餘年，武則天不滿足於當皇后，想自己開張做皇帝，遂決意培植自己黨羽，接回嶺外的親戚們。姪子武三思亦被其收在麾下。從嶺南回京，武三思陸續被授夏宮、春宮尚書，監修國史，封爵為王。《新唐書》、《舊唐書》之〈武三思傳〉中武三思一生的「輝煌」履歷，即從此時開始。

若綜合各類史料，為武三思畫像，「無恥之徒」這個稱號，武三思當之無愧。時人將之比作司馬懿，謂其擾亂朝堂、陰謀竊國。在輔佐武后問鼎帝座的過程中，以及其後十餘年的酷吏政治中，武三思手上沒少沾人血。包括絞殺李唐宗室的多位後人，可謂李唐不共戴天的仇敵。又，先後私通於上官婉兒、韋后，穢亂後宮，亦聯手誅殺唐史赫赫有名的神龍政變的五位功臣，且手段陰狠毒辣，後來竟又謀劃廢除太子李重俊，終為自己招來殺身之禍……

《舊唐書》載武三思名言：「不知何等名作好人，唯有向我者，是好人耳。」不知道也不在乎什麼樣的人才配叫好人，反正對我好的就是好人。

《舊唐書》亦載，武三思「性傾巧便僻，善事人」，生來諂媚，曲意逢迎，毫無節操和底線可言。總之，無能力、無風骨、無底線，正史中身為「三無」人員的武三思，倒是修煉了一身溜鬚拍馬的本事。武則天歡喜啥他便拍啥，義無反顧，沒有任何心理負擔。武三思拍的最多的便是武則天的男寵。先是「唐朝第一男寵」馮小寶，也稱薛懷義。《舊唐書》載，「懷義欲乘馬，承嗣、三思必為之執轡」。一看見薛懷義要上馬，趕緊屁顛顛奔過去牽著轡繩。

寵幸十載，薛懷義倒臺，二張兄弟取代，武三思不遺餘力繼續拍。《舊唐書》載，武三思「又贈昌宗詩，盛稱昌宗才貌是王子晉後身，仍令朝士遞相屬和」。王子晉，乃周靈王太子，生性寡慾、好道，他捨棄王位，往嵩山修行，後駕乘一隻白鶴翩然昇天。武三思拍張昌宗是王子晉轉世，冉冉有仙氣。張昌宗聽著高興，一喜之下，把武三思推為自己搞的文學沙龍「十八高士」之首。

想來，武三思也真是「性傾巧便僻，善事人」，不管是老闆還是老闆的情人，總能討得他們歡心。但，又想來，這個本事的練就，此番人生真諦的領悟，也許是成長於嶺外的武三思，在瘴癘遐荒之中痛定思痛的結果。曾幾何時，他的父親、伯父們可都是栽在了不懂說話藝術這件事上，並為之付出了慘重的代價。

命運的相似之處

武則天父親武士彠是唐代開國功臣，曾任工部尚書。他初娶相里氏，生武元慶、武元爽，又娶楊氏，是為武則天的母親。武士彠去世後，楊氏帶著武則天姊妹三人投奔荊州的武元慶、武元爽兄弟，遭到了侮辱與虐待，甚至姪子武唯良、武懷運也對楊氏無禮。多年後，武則天成了皇后，循例，哥哥們都加官晉爵。其中，武元慶由右衛郎將遷為司宗少卿。

但他們似乎並不領情。

某日，楊氏設家宴款待子姪，宴席中回想當年寄人籬下的酸楚，難免語帶傲慢，謂武氏兄弟：「頗憶疇昔之事乎？今日之榮貴何如？」楊氏提醒子姪，當年你們百般欺凌我們母女，如今的富貴卻是我女兒的恩賜，對這件事，你們怎麼看？但凡話說到這分上，一般就只能磕頭如搗蒜，千恩萬謝，表完能想到的所有忠心就是了。

只是有時人被摁住腦袋強行要求感恩，也會生出逆反心。武家兄弟如是。《資治通鑑》載，這哥幾個中的老大武唯良代兄弟們回復：「唯良等幸以功臣子弟，早登宦籍，揣分量才，不求貴達。豈意以皇后之故，曲荷朝恩，夙夜憂懼，不為榮也！」不點讚也罷了，還說咱兄弟好歹都是功臣之後，所得榮華皆是自己爭取來的，且揣分量才，安於現狀，求皇后千萬別胡亂施恩。若是無功受祿，我們夙夜憂懼，只會平添煩惱。

逞一時口舌之快，後果便是，武家兄弟拖家帶口，被武則天貶到嶺南煙瘴之地。武三思父親武元慶熬不住，很快就去世了。武三思生於貞觀二十三年（六四九），隨父流放時，不足十歲。

嶺南，又稱嶺表、嶺外，泛指五嶺以南地區，約指今海南、廣東、廣西大部、雲南南盤江以南和越南北部。遠古的《山海經》中提到的「儋耳」、「雕題」、「鼻飲」、「貫胸」等國即在這一帶。相對其他地區，嶺南開發很晚，秦始皇統一六國後才在這裡置郡。又因地勢險峻，山高水深，綿長的五嶺阻隔著吳越、楚蜀文化與嶺外的交洽，因之嶺南地區一直封閉，遺世獨立於北方文明之外。

唐一代，統治者倒是極看重嶺南這塊寶地。因其遠離當時的政治文化中心京都長安，又炎熱潮溼、瘴癘肆虐，流放到此者往往九死一生。統治者每次要教訓不聽話的臣屬時，就把他們趕到這裡，任其自生自滅。

神龍政變（七〇五）爆發後，當朝紅極一時的宮廷詩人宋之問、沈佺期、杜審言等，因媚附二張兄弟，便在其失勢後遭貶嶺外，且均留有詩作。從其詩作中可一窺當時嶺南一帶原生態的「自然風光」。

宋之問〈至端州驛見杜五審言沈三佺期閻五朝隱王二無競題壁慨然成詠〉：

逐臣北地承嚴譴，謂到南中每相見。豈意南中歧路多，千山萬水分鄉縣。雲搖雨散各翻飛，海闊天長音信稀。處處山川同瘴癘，自憐能得幾人歸。

在端州驛站，宋之問見到了杜審言、沈佺期等故舊，題詩慨嘆人生浮沉。第三聯情緒已然委頓，大難臨頭，各求自保。只是這邊鄙蠻荒地，海闊天長，音信怕是要斷了。尾聯更是哀怨，處處山川，煙瘴蒸騰，不知還能不能活著回到京城。

杜審言，即杜甫祖父，神龍政變後被流放至峰州（今越南越池東南），雖有幸不久後即被召回，任國子監主簿、修文館直學士，但得了一身瘴癘與傷病，三年後便去世了。

如掖庭之於上官婉兒，嶺南之於武三思，怕也是銘心刻骨的創痛吧。逃離鬼門關已屬難得，若有可能，一個人定會竭盡全力抓住哪怕一絲的機會，只為了避免重墮地獄。

十餘年過去，高宗、武后並稱天皇、天后，此時武則天感到培植外戚的必要。清點武氏一族，發現自己的兄弟姐妹死的死，亡的亡，能指望的血緣親人很少了，只有幾個姪子還在嶺南。於是，上元元年（六七四），武則天稱天后前的幾個月，姪子們被召回長安，封官襲爵。其時武三思約莫二十五六歲，已在嶺南度過了整個的少年時期。

從時間上看，武三思從嶺南回到長安，與上官婉兒走出掖庭進入禁中，前後相距不遠。理由也只有一個，武后需要培植自己的黨羽。

多年前，他們的命運遭逢撥弄、牽連，多年後，又一次被改變。不為其他，只因政治，因武則天這雙翻雲覆雨之手。也可說，不管之前的家破人亡，還是現在的宮廷聚首，上官婉兒與武三思的因緣際會，早被注定。

一個是女皇的私人祕書，常常陪侍在女皇身旁；一個是承姑母恩賜終於離開蠻荒地的姪子，需要時常進宮報備，討姑母歡心。後宮之中，經常碰面想必也是不可避免的。本就是經歷相似之人，又同是服務於父輩、祖輩的敵人，那些面對女皇時的戰戰兢兢，那些極細小瑣碎的卑微低賤，那些深刻的不安、疑懼，那些人性中的孱弱、陰狠、掙扎……凡此種種情緒，或也會窸窸窣窣，自動生長，逐漸生出同命相憐、相惜之情。

當然，這憐，這惜，亦只能是羸弱的，甚或畸形的，長在一片龐然的陰霾之下，先天不足，無光亦無水，如同牽在石壁上形狀猙獰的枯藤。

石本無情，即便牽住也無法生根。雖然絲絲縷縷，纏繞攀援，可依然是沒有生命的藤蔓。

《舊唐書》載，武三思「證聖元年（六九五），轉春宮尚書，監修國史。聖曆元年（六九八），檢校內史。二年，進拜特進、太子賓客，仍並依舊監修國史」。身為掌機要的上官婉兒，參與編修國史，亦是工作的一部分。職務所致，工作之便，接觸會較以往繁多，上官婉兒與武三思，私情應定於此時。

其時，武則天年過七旬，垂垂老矣。儲君之立，迫在眉睫。宮廷風雲必將再起。兩位運命相似之人，抱團取暖，或有絲縷情愫吧，但更多的應是現實的考量。

狄仁傑解夢

想必真的老了。武則天叱吒一生，終在自己和王朝的歸宿上，猶豫了。她忽而拔擢武家子弟，忽而又恩賞李家後人，在娘家和婆家之間搖擺不定，心意難測。

倘在娘家立一位姪子當太子，女皇此生的心血武周王朝或還將傳承，但這也意味著女皇將徹底背叛李唐宗室，無論高宗還是李家子孫。李家祖祀供奉，將無她一席之地。但娘家和婆家，總得有一方要放棄。這個千古難題，連一代女皇也免不了頭痛（所以，大家想開些）。

有猶疑，便有嫌隙，便有攫奪，這也加劇了朝堂中的暗濤洶湧。最為活躍的勢力有兩派。一派是武則天的兩個姪子武承嗣、武三思。另一派是一批雖服務武周卻心繫李唐的老臣，如李昭德、魏元忠、狄仁傑等。道是民心所向，天下人皆翹首李唐復興，期盼脫軌的王朝回歸正統，可民心很虛，實力才是真的。武家子弟跟著武則天混了那麼多年，鞍前馬後，事情也沒少做，又與武則天兩個心肝寶貝張氏兄弟往來密切，家底甚厚，不容小覷。

在這個歷史的關鍵時刻，大家都無比熟悉的，經常在影視劇中力挽狂瀾的狄仁傑，再度登場了。其實，在整個武周一朝，這位老兄，一直都是在場的，還在酷吏時代被陷害，入過獄、上過刑，也是武則天最為看重的大臣，被以「國老」親切稱之。只是從前狄國老都在背景裡，這一次，他親自出場，左右了儲君之立，也影響了上官婉兒和武三思的命運。

神功元年（六九七），狄仁傑以六十八歲高齡，再登相位。這一次拜相，至久視元年（七〇〇）病故，不到四年時間中，狄仁傑主要做了兩件大事。其中一件，便是竭力勸諫武則天立李顯為太子。

史載，狄仁傑遊說武則天，主要從兩個方面入手。其一，利用「太廟祭祀」打動武則天。女皇春秋已高，武承嗣做太子心切，暗中授意心腹，聯繫數百人，聯名上書要求立自己為太子，是謂「來自民間的呼聲」。又帶頭搞規模宏大的請願，要求給女皇加尊號「金輪聖神皇帝」、「越古金輪聖神皇帝」，這馬屁拍得女皇相當舒服，加之武承嗣那句「自古天子未有以異姓為嗣者」，女皇看姪子們的目光便格外親切了。

這一親切，狄仁傑便耐不住了。《資治通鑑》載，狄仁傑是這麼對武則天說的：「大帝以二子託陛下。陛下今乃欲移之他族，無乃非天意乎！且姑姪之於母子孰親？陛下立子，則千秋萬歲之後，配食太廟，承繼無窮；立姪，則未聞姪為天子而祔姑於廟者也。」高宗將孩子們託付於您，您卻欲立他姓之人做太子，此乃違背天意，高宗會怎麼想？再說，姑姪情與母子情，哪個更近？您立自己兒子做太子，千秋萬歲之後，自然配享太廟，承繼無窮。立姪子？哼哼，您有聽說過姪子當皇帝而在太廟祭祀姑姑的？

這席話是頗具威懾力的。若立了武家子弟，自己百年之後，既進不了武氏太廟，又會遭到李家列祖列宗的遺棄，自己無人祭祀，會成為孤魂野鬼不說，高宗都會跟著挨餓。再有一個潛在的危險，若武家子弟掌握皇權，李唐宗室勢必再一次遭到清洗，她的後人怕是會被連根拔除。念及這些身後可能發生的悲劇，武則天怕也會脊背發涼吧。

其二，歷史證明，狄仁傑不僅會斷案，擺大道理嚇人，釋夢的功夫也是一流的。據載，聖曆元年（六九八）某一晚武則天做了個夢，夢裡看見一隻鸚鵡。但鸚鵡的一對翅膀折斷了，匍匐在地，飛不起來。武則天困惑，上朝時環視群臣，看誰能解夢。狄仁傑聞之，馬上站出來：「鵡者，陛下姓也；兩翅折者，陛下二子廬陵、相王也。陛下起此二子，兩翅全也。」（《太平廣記》）鸚鵡，武也，那不就是陛下您嗎？被折的兩翅，就是遭貶謫的廬陵王和遭幽禁的相王呀，只要陛下起用二子，鸚鵡的翅膀自然就全了。瞧瞧狄仁傑這應變能力，得幸武則天夢見的不是烏鴉、麻雀什麼的。

另一次，武則天夢見和大羅天女打雙陸棋，總是無法取勝，「局中只要有子，旋即被打將，不得其位，頻頻輸給天女」。堂堂一女皇，在夢裡下個棋都老輸，武則天很是鬱悶。狄仁傑又釋夢：「雙陸不勝，蓋為宮中無子。此是上天之意，假此以示陛下，安可久虛儲位哉？」棋不勝，是因為您大本營裡沒有「子」，沒「子」便贏不了。這是上天在給您提示，儲君之位不可久虛，您看是不是應該接回您的「子」呢？

如此這般，狄仁傑萬變不離其宗，啥事都能扯到立儲，武則天也有不痛快的時候：「此朕家事，卿勿預知。」這是我家事，我心裡有數，別老是囉哩囉嗦了。狄仁傑則慷慨陳辭：「王者以四海為家，四海之內，孰非臣妾，何者不為陛下家事！君為元首，臣為股肱，義同一體，況臣備位宰相，豈得不預知乎！」（《資治通鑑》）王者以天下為家，您的家事就是國事，國事就是您的家事，君為國家頭腦，臣為國家股肱，我怎麼就是囉哩囉嗦了。總之，每論及立儲諸事，狄仁傑便開始念他那本經，「每從容奏對，無不以子母恩情為言，則天亦漸省悟」（《舊唐書》）。

《舊唐書》載：「初，中宗自房陵還宮，則天匿之帳中，召仁傑以廬陵為言。仁傑慷慨敷奏，言發涕流，遽出中宗謂仁傑曰：『還卿儲君。』仁傑降階泣賀。」武則天派人將李顯悄悄接回宮中，藏在帳後，召狄仁傑覲見，佯裝討論立儲之事，狄仁傑照例慷慨陳言，說到動情處，鼻涕眼淚直下。武則天將李顯從帳後請出，推到狄仁傑面前，說「還你儲君」，狄仁傑驚喜交加，含淚拜賀。

這一年是聖曆二年（六九九），流放房州數年的李顯，終於做回了太子。這是他第二次當太子了。汲汲於東宮之位的武家子弟一下子慌了，武承嗣聞之鬱鬱，半年後就掛了，至此，武三思落了單。為求自保，武三思不得不進入蟄伏期。

立李顯為太子，意即武則天終於決意還政李唐，武周王朝行將終結。古人云，一朝天子一朝臣，更何況，武三思是外戚，上官婉兒是女皇祕書，李唐天下將無這對政治鴛鴦的容身之所。

不愧為狄國老手筆，他一出手，上官婉兒和武三思就即將成為前朝舊人。但，想來沒有人甘心就這樣坐以待斃。

女皇的默許

姑姑畢竟也是親姑姑。武承嗣雖然掛了，還有一個武三思，武則天豈會眼睜睜看著姪子成為李家刀俎下的魚肉？在立李顯為太子，擢狄仁傑為兼納言的同時，武則天也給武三思升了官，提拔武三思為檢校內史。

前面說過，即便身為皇帝，武則天也免不了夾在娘家和婆家之間，左右為難，但這與尋常家庭到底又是不同的。世俗夫妻，家庭關係矛盾重重，無非就為一些錢財一些口舌，再怎麼不合，也掀不起什麼大浪來。可這武家和李家要是不合，就意味著互相殘殺，大肆屠戮，說不定還會把江山也給葬送了。所以，設法維繫李武兩家勢力的平衡，一直是武則天的心中大事。

早在垂拱年間，武則天便著手策劃了，方法便是把李家的女兒都嫁到武家。太平公主之夫薛紹在宗室謀反案中株連被殺後，武則天做主，把太平公主嫁給了自己的堂內姪武攸暨。久視元年（七〇〇），李顯女兒永泰公主以永泰郡主的身分，下嫁武承嗣的兒子武延基。長安年間（七〇一～七〇四），李顯另一個女兒安樂公主又以安樂郡主的身分，下嫁給武三思的兒子武崇訓。

李武兩家聯姻，你中有我我中有你，將人倫、利益綁在一起，難以切割，即便李家人當皇帝，武家也會在武則天殯天後多一份保障。此種背景下，上官婉兒與武三思的私情，或既是兩人自己的意願，其實又是得到武則天默許的，抑或這原本就在武則天的棋局之中。《舊唐書》載：「婉兒既與武三思淫亂，每下制敕，多因事推尊武氏而排抑皇家。」可見這段私情，在當時對朝局、對李家是有相當掣肘的，這一定也是武則天的目的。

武周王朝終將結束，一代女皇終將卸掉所有盔甲，回到皇后的身分。在與狄仁傑等李唐老臣達成的默契中，武則天不得不默認，自己的王朝，自己一生的心血，在有唐一代綿延約三百年的歷史中，只是一個小插曲。王朝終將回歸正統，回歸李家。

不管誰的天下，逝者已登極樂，活著的人卻還要努力地活下去。武三思，或許便是武則天為上官婉兒在新朝中所做的安排吧。這顯然並不是一個好的歸宿。武則天也只能是盡力保全各方而已，一如當年的太宗。

盡力罷了。一代女皇既無法保住自己的王朝，她要保全的人，也未必保得住。第一個反對她的，就是她以「國老」敬稱的狄仁傑。

久視元年（七〇〇）三月，武則天在嵩山石淙河畔的別墅三陽宮竣工。七月，武則天率領浩浩蕩蕩的隊伍，聚集在石淙河畔，消夏避暑。這群人中包括太子李顯、相王李旦、梁王武三思、宰相狄仁傑等。這是武則天為協調李武兩家關係，所做的最後一次努力了。七十七歲的武則天興致很高，當場賦詩一首〈石淙〉：

三山十洞光玄籙，玉嶠金巒鎮紫微。均露均霜標勝壤，交風交雨列皇畿。萬仞高巖藏日色，千尋幽澗浴雲衣。且駐歡筵賞仁智，雕鞍薄晚雜塵飛。

李顯、李旦等均有和詩，其中梁王武三思和詩〈奉和聖制夏日遊石淙山〉：

此地巖壑數千重，吾君駕鶴□乘龍。掩映葉光含翡翠，參差石影帶芙蓉。白日將移衝疊巘，玄雲欲度礙高峰。對酒鳴琴追野趣，時聞清吹入長松。

狄仁傑和詩〈奉和聖制夏日遊石淙山〉：

宸暉降望金輿轉，仙路崢嶸碧澗幽。羽仗遙臨鸞鶴駕，帷宮直坐鳳麟洲。飛泉灑液恆疑雨，密樹含涼鎮似秋。老臣預陪懸圃宴，餘年方共赤松遊。

美山。美水。美酒。美詩。久懸心中的難題似也終於解決，一時間倒也母慈子孝，君臣和睦，一副太平盛世的景象。

只是天下沒有不散的筵席。這年冬天，七十一歲的狄仁傑病故於洛陽私宅。武則天環顧朝堂，難抑悲傷：「狄公一去，朝堂空矣。」下令廢朝三日，致哀狄公，並追贈狄仁傑為文昌右相，謚號「文惠」。

但，武則天肯定不知道，狄仁傑不買她的「李武聯盟」的帳。石淙河畔的消暑聚會亦不過是表面和諧，實則各懷心機。

狄仁傑臨終遺言：「梁王三思尚掌權，可先收而後行也。不然，則必反生大禍。」翻譯成大白話便是：弄死武三思！

第七章　詩與酒：盛唐文學的輝煌時刻

放曠出煙雲，蕭條自不群。漱流清意府，隱几避囂氛。石畫妝苔色，風梭織水文。山室何為貴，唯餘蘭桂熏。

——〈流杯池〉之七

本詩是上官婉兒於流杯池前又一幅對隱士生活的摹寫：出沒於山野煙雲間，孤傲峭勁，遠離塵囂，引泉水為浴，伏几案靜讀，窗外天地，舒闊自在，石壁青苔，斑駁離離，溪澗微瀾，山風水紋。君若問山中陋室何為貴，唯餘蘭桂香也！

頸聯「石畫妝苔色，風梭織水文」，被詩評者形容為「如畫的詩」，畫面感濃烈，又筆致清婉。「妝」、「織」兩個動詞，落墨輕柔，女性特有的感知力蕩漾其中。歷來我們熟悉的隱士詩筆，多屬男性視角，或可說，「歸隱」傳統原本也是男性專屬。因之，傳統視角中的隱士山野，其實性別為「雄」。

而此幀詩畫中，從妝、從織，顯見是女性眼裡的隱士山野，明秀深麗，婉然嫻靜，沒有男性隱士詩中經常暗藏的牢騷或以隱明志的得意。而這分明又是無心的。比較上官婉兒同時期所作的氣勢雷霆的應制詩可知，她完全有能力寫出男性化、氣象恢宏的山水詩。

或許妙也妙在此，當一位女性在政治爭鬥中，必須有意識地淡化自己性別，去迎合競技場的規則時，無意間「真我」的流露，是令人怦然心動的。

龍門詠詩

久視元年（七〇〇），武則天七十七歲，真真是耄耋之齡了。女皇垂暮，不再如以往那般鐵腕，反倒多了些長者的慈悲。先是在嵩山石淙河畔，把她生命裡所有重要的人召集到一塊兒，搞了一次家庭聚會，史稱「石淙會飲」。又值七夕佳節，請道士胡超替她到嵩山投下一枚金簡。金簡上鐫刻銘文：

大周國主武曌，好樂真道，長生神仙，謹詣中嶽嵩高山門，投金簡一通，乞三官九府，除武曌罪名。太歲庚子七月甲申朔七日甲寅。小使臣胡朝稽首再拜謹奏。

此金簡中，武則天祈求三官九府，免其生平罪過，助其恢復健康。轟轟烈烈一輩子，大半生都在冷酷地殺戮，最終，對死亡的憂懼終也讓女皇變得謙卑起來。接連幾場大病之後，或許預感到自己時日不多，武則天不再像從前那般勤勉政務，而是開始享受生活。

爭權、殺人是生活，遊宴、娛樂也是生活。生逢詩歌盛世，這一切又怎能沒有詩歌的參與呢？太宗、高宗時，上官儀備受兩位帝君賞識，曾為兩朝重要的宮廷詩人，並創造了名極一時的「上官體」。如今，數年過去，在武周一朝，上官婉兒承祖父衣缽，一顆詩壇新星冉冉而起。

四朝元老張說在〈唐昭容上官氏文集序〉中追述了則天朝後期種種文化活動，以及上官婉兒的參與：「每務豫宮觀，行幸河山，白雲起而帝歌，翠華飛而臣賦，雅頌之盛，與三代同風，豈唯聖后之好文，亦云奧主之協贊者也。」「奧主」即上官婉兒，「協贊」謂從旁協助。記載雖簡略，也約莫可推測出此類活動的流程：女皇命題，群臣賦詩，婉兒協助女皇評詩、判詩，列出上下，獎掖優秀。

因之可想見，凡皇家遊宴都屬盛事，不僅為詩歌的饕餮華宴，於「學得文武藝，賣與帝王家」的才子們，無疑也是博女皇青睞的機會。《唐詩紀事》載有一則故事，名曰「龍門賦詩奪錦袍」：「武后游龍門，命群臣賦詩，先成者賜以錦袍，左史東方虬詩成，拜賜，坐未安，之問詩後成，文理兼美，左右莫不稱善，乃奪錦袍賜之。」

武則天遊幸洛陽龍門石窟，萌思古幽情，詩興大發，命眾人各賦詩一首。獎品是一襲御賜錦袍。最激烈的爭奪在兩位詩人東方虬和宋之問之間。

東方虬的詩作已經遺失，但宋之問的〈龍門應制〉流傳下來。

宿雨霽氛埃，流雲度城闕。河堤柳新翠，苑樹花先發。洛陽花柳此時濃，山水樓臺映幾重。群公拂霧朝翔鳳，天子乘春幸鑿龍。鑿龍近出王城外，羽從琳瑯擁軒蓋。雲罕才臨御水橋，天衣已入香山會。山壁嶄巖斷復連，清流澄澈俯伊川。雁塔遙遙綠波上，星龕奕奕翠微邊。層巒舊長千尋木，遠壑初飛百丈泉，彩仗蜺旌繞香閣，下輦登高望河洛。東城宮闕擬昭回，南陌溝塍殊綺錯。林下天香七寶臺，山中春酒萬年杯。微風一起祥花落，仙樂初鳴瑞鳥來。鳥來花落紛無已，稱觴獻壽煙霞裡。歌舞淹留景欲斜，石關猶駐五雲車。鳥旗翼翼留芳草，龍騎駸駸映晚花。千乘萬騎鑾輿出，水靜山空嚴警蹕。郊外喧喧引看人，傾都南望屬車塵。囂聲引颺聞黃道，佳氣周迴入紫宸。先王定鼎山河固，寶命乘周萬物新。吾皇不事瑤池樂，時雨來觀農扈春。

黃道，太陽的軌道，此處形容帝王之道；鼎，王朝正統的象徵。此詩將皇帝出遊的儀仗、排場，比作神仙下凡，不吝華美鋪陳，浩浩蕩蕩，一路奔瀉，雖不免堆砌、冗長，可通篇洋溢著的壯麗雍容、君臨天下的氣度，一定是武則天喜歡的。因之，前面先已賜予東方虬的錦袍，竟被武則天親自奪下，轉賜給了宋之問。

「龍門賦詩奪錦袍」這則典故，妙在一個「奪」字，聲形並茂，動態且有畫面感。尤其

「奪」的施動方乃堂堂女皇武則天，不惜紆尊降貴，不惜在眾目睽睽下承認自己失誤，將已恩賞的錦袍奪回，轉賜予更有資格得到的人。由此可見女皇的愛才之心。因之這則典故深入人心，後世詩人常會引用，如杜甫〈寄李十二白二十韻〉：「龍舟移棹晚，獸錦奪袍新。」陸游〈贈邢芻甫〉：「割愁何處有並刀，傾座誰能奪錦袍？」

此般崇尚詩歌的世風中，武周一朝，上至女皇下至尋常百姓，俱以寫詩為榮，因之，武周時期的文化發展相當鼎盛，古代詩歌的經典形式五律和七律，便於這個時期定型。世人所謂盛唐詩歌之風雲之氣象，並非橫空出世，武周一朝的長久醞釀，斷不可少。初唐至盛唐詩風的蛻變中，上官婉兒功不可沒。雖與祖父上官儀同為宮廷詩人，在承繼「上官體」衣缽的同時，上官婉兒顯然進行了革新。

初唐宮廷詩，淵源可追溯至南齊永明年間。宮廷詩興盛之初，多脂粉氣，詠風，詠花，詠雪，詠月，或詠風花雪月，都一脈相承，終究指向男女之情，因之，宮廷詩又俗稱豔詩。比如，以殘暴與才華齊名的隋煬帝，存詩四十二首，豔詩就占了四分之一，可說是個豔詩小能手了。

悠悠二百餘年間，宮廷詩詩風屢有嬗變，至初唐太宗朝，宮廷詩中的脂粉氣，已褪去不少。文人學士都有意識地避免在溫柔鄉裡哼哼唧唧。《舊唐書》載有太宗想學寫宮廷詩的軼事：「帝嘗作宮體詩，使虞世南賡和。世南曰：『聖作誠工，然體非雅正。上有所好，下必有甚。臣恐此詩一傳，天下風靡，不敢奉詔。』」可見在虞世南、上官儀等詩人眼中，宮廷詩舊有的格調，已「體非雅正」，難登大雅之堂。

初唐宮廷詩人將視角從閨閣挪出來，轉向宮殿之恢宏、宴飲之豪奢、自然之美景，凡此種種，宮廷詩的格局逐漸大了。上官儀創造的「上官體」一時頗為人追捧。然，上官體總體特點「綺錯婉媚」，終究也流於雕琢，精緻有餘，氣象不足，尚未完全脫離前朝舊習。看上官儀這首寫於太宗朝的〈奉和過舊宅應制〉。

石關清晚夏，璇輿御早秋。神麾颺珠雨，仙吹響飛流。沛水祥雲泛，宛郊瑞氣浮。大風迎漢筑，叢煙入舜球。翠梧臨鳳邸，滋蘭帶鶴舟。偃伯歌玄化，扈蹕頌王遊。遺簪謬昭獎，珥筆荷恩休。

同為應制詩，都不免要照顧皇帝面子，都拉高了嗓門來歌功頌德。然，將此詩與宋之問〈龍門應制〉比較，後者在氣象上，在雄麗意境的營造上，終勝一籌。這也是上官婉兒評詩的一個標準，謂之「健舉」。

〈唐昭容上官氏文集序〉的作者張說，後來在李隆基授意下，編撰了上官婉兒的文集二十卷。可惜，文集全部遺失，僅序留存。上官婉兒在則天朝所作的應制詩，又只存一首十四歲時的〈奉和聖制立春日侍宴內殿出剪綵花應制〉，因之，則天時代，上官婉兒摒棄「上官體」的婉媚、探索並確立自己風格的過程，只能依據她後來在中宗朝的詩歌風格來略加推測，到底也無從細說。

無疑，祕密就藏在那遺落煙塵的二十卷文集中。

武媚娘與〈如意娘〉

永徽年間，先帝太宗駕崩，武媚娘與其他未有生育的嬪妃一道流放感業寺。白日長天，青燈梵鐘。武則天年近而立，不甘人生就此謝幕，輾轉想起太宗病榻前自己布下的一張網。

時機已到，該收網了。

看朱成碧思紛紛，憔悴支離為憶君。不信比來常下淚，開箱驗取石榴裙。

——〈如意娘〉

相思成災，神思恍惚，以至顏色都分不清了。這都是因為為你流了太多眼淚的緣故，你若不信，開箱便能看到我石榴裙上的斑斑淚痕。

女皇也曾為情神傷過、閨怨過。只是當年的高宗於她，不只是一份感情，更關涉她的人生前程，因之，〈如意娘〉與通常的閨怨詩又是不同的。

閨怨，重點在怨，怨而不能有恨，九曲愁腸，欲語還休，心有千千結。眼淚在眼眶裡溜溜轉，但別掉下來才好，吧嗒吧嗒落淚，怨的意境就破壞了，若還眼淚鼻涕一塊兒，妝也哭花了，石榴裙也哭髒了，這怨就用力過猛，破相了。相思成殤、形銷骨立，很美，若相思成災，哭成這種樣子，就沒詩意了，就有責難、怨憤的意味了。

但當年感業寺內孤立無援的武媚娘，想來也只有孤注一擲了，用學者蒙曼的話說，〈如意娘〉是武則天「扣開她自己命運之門的敲門磚」，在蕭淑妃溫柔鄉裡沉醉的高宗，能否顧念舊情，就在此一舉了。因之，媚娘的〈如意娘〉又可謂一篇戰鬥檄文，置之死地而後生的。

人生有時果真存在奇蹟。高宗啊，被媚娘這個哭法打動了。他從感業寺接回了這個女人，不僅給她新置了石榴裙，還給了許多許多。

〈如意娘〉成武則天一生輝煌的起點。二十八歲重返後宮，三十二歲成為皇后，四十歲與唐高宗並稱二聖，五十歲晉升天后，六十歲成為皇太后，六十七歲稱帝……

奉宸府內的酒會上，年近八旬的女皇，偶爾會在打盹、走神的間隙，想起從前的那些往事。當婉兒或太平留意到女皇倦態，在她耳畔低聲詢問，又會將她從流走的思緒中牽回眼前。

葡萄美酒，夜光杯，觥籌交錯間，置身於以張氏兄弟為首的一群俊男妙女中，僅是看他們飲酒、賦詩、調笑，都宛在仙境。女皇向來都是美少年美少女的收集者。繁亂政務的疲憊中，斟酌某人該不該殺的煩惱中，年輕美好的軀體，充滿膠原蛋白的青春臉龐，能讓她看到生活的美好，生活的鮮豔。才貌兼備的太平和婉兒自是不可多得，連後宮做雜役的普通宮女，女皇也任性地要求一定得桃花玉面，她可不願哪天抬頭撞見一張肉團團的大餅臉，影響好心情。就是當年招來的那些個沒文化只懂殺戮的酷吏們，也個個都是一等一的大帥哥。當百官上書請求問斬酷吏來俊臣，女皇還猶豫了好一陣呢。多好看的男孩兒啊，殺一個就少一個了。

女皇抬抬眼瞼，眼光飄出去，在人群中流連。在這些年輕漂亮的男孩兒女孩兒中，婉兒和太平顯得有些格格不入了。畢竟她們也年近四十，眼角眉梢都刻上歲月痕跡，目光裡已不復少女的清亮，藏了許多心事。女皇或會想起初見婉兒的情形，一個身形瘦削的小丫頭，朗聲誦道「勢如連璧友，心似臭蘭人」，聲音裡還未脫少女稚氣，但面對堂堂天后，居然也是從容的。她也會想起太平十來歲的樣子，身著男兒裝，現身宴會，暗示母后，女兒長大了，想招一個駙馬了。然而，女皇知道，與這些最格格不入的還是她自己。耄耋之齡，大病初癒，披掛一具衰朽的、做過種種修飾、由好勝心打底而強撐的肉身，倚靠在華貴龍榻，瞧著一群精力充沛、正當妙年的男孩兒女孩兒，目光裡竟也不由得流露出慈愛，好似老祖母看著孫輩嬉笑打鬧。有那麼一會兒，女皇或又會想到自己剛入宮的那些年，年紀和他們一般大……然，在溫糯酒精的刺激下，在老年人倏忽而至的疲睏中，女皇的眼皮終於下垂。眼前晃動的人影逐漸模糊、遙遠，歲月深處傳來母親輕輕的啜泣，而她對母親回眸一笑，銀鈴般的聲音，在時光中細碎地搖盪：見天子庸知非福……

石淙聚會

奉宸府，本是女皇命人建的一個文藝機構，到底有多文藝沒關係，能陪她老人家消閒解悶兒就行。府內倒也經常舉辦個詩會、酒會，都由張氏兄弟坐鎮主持，婉兒協助，太平客串。武則天由得他們去折騰。

可是，流言四起。說奉宸府打著文藝沙龍的幌子，實則花天酒地、尊卑不分。外廷官員也開始介入，上疏要求整治奉宸府。

那就改吧。怎麼改呢？從單純的文藝娛樂到做些實實在在的事情。在武則天的授意下，張氏兄弟開始領銜編書，書名《三教珠英》。三教，即儒、釋、道，此書意為集萃三派思想的精華。編書工程通常浩大，需召集一批學者常駐奉宸府，於是乎，大量的文士學人自薦入府。比如詩人杜審言、沈佺期、宋之問，三人都為當時的一線詩人，粉絲眾多，有相當的號召力，很快就被引進張氏兄弟的人才儲備計畫中。

有人開始從編書事體中嗅到了危險。當年的秦府十八學士，武后的北門學士，太子賢為《後漢書》作注的學者班子，等等，凡想在宮廷掀起一點浪的，都是從編書起步。張氏兄弟周圍集結的文人，引起了一批老臣的警覺。

長安元年（七〇一），張氏兄弟在武則天面前打了個小報告，說太子李顯的長子李重潤和永泰公主夫婦在背後非議他倆，具體如《資治通鑑》載：「太后春秋高，政事多委張易之兄弟，邵王重潤與其妹永泰郡主、主婿魏王武延基竊議其事。」太后春秋已高，政事多委張氏兄弟，意謂這哥倆包藏竊國之心。

武則天太知道這類流言的後果。慈祥了一陣的女皇，這次動了雷霆之怒，竟逼迫自己的嫡孫李重潤、嫡孫女永泰公主以死謝罪。

本出於護犢子心切，然，武則天的處理方式讓人們看到了另一種可能。僅僅一個小報告，張氏兄弟就輕輕鬆鬆地剷除了一個皇子一個公主，要知道李重潤可是當朝太子李顯和韋后唯一的兒子，將來皇位的繼承人啊。前以編書名義培植羽翼，後又借女皇之手殺李唐後人，原以為只是以色相事人、沒腦子的男寵，驀然間崛起，在武則天生命末期發展為不可小覷的奪權勢力。

朝堂內外為之震動。李唐老臣們不得不欽佩狄仁傑狄國老的先見之明。

久視元年（七〇〇）嵩山石淙河畔的夏令營活動，武則天也帶上了張氏兄弟。她希望自己百年之後，兄弟倆能夠得到保全，與李家、武家一笑泯恩仇，和平共處。兄弟倆也參與了賦詩活動。

六龍驤首曉騤騤，七聖陪軒集潁陰。千丈松蘿交翠幕，一丘山水當鳴琴。青鳥白雲王母使，垂藤斷葛野人心。山中日暮幽巖下，泠然香吹落花深。

——張易之〈奉和聖制夏日遊石淙山〉

雲車遙裔三珠樹，帳殿交陰八桂叢。澗險泉聲疑度雨，川平橋勢若晴虹。叔夜彈琴歌白雪，孫登長嘯韻清風。即此陪歡遊閬苑，無勞辛苦向崆峒。

——張昌宗〈奉和聖制夏日遊石淙山〉

然，此次夏令營，最開心的只是女皇自己了。她是真開心，終於解決了一樁心事的開心。大傢伙兒也開心，假裝開心，哄女皇開心。

想想也真有意思，一堆水火不容、心裡各有盤算的人，在武則天這個大家長的安排下，你儂我儂，發誓永遠做一家人。相親相愛，不相煎，不殺伐。當狄仁傑、武三思、二張兄弟觥籌交錯間，偷偷溜出去的那些相互會意的眼風，自帶「放心，我肯定弄死你」的殺氣不說，對年老女皇一世英明此時卻這般幼稚的舉動，想必也一致默契地感到不屑吧。

狄仁傑去世時曾留下兩則遺言。其一，關乎梁王武三思：「梁王三思尚掌權，可先收而後行也。不然，則必反生大禍。」

其二，關乎二張兄弟：「所恨衰老，身先朝露，不得見五公盛事，冀各保愛，願盡本心。」所謂「盛事」，指神龍政變。行動目標：清君側，除二張！

第八章　天后的晚年與權力的更迭

霽曉氣清和，披襟賞薜蘿。玳瑁凝春色，琉璃漾水波。跂石聊長嘯，攀松乍短歌。除非物外者，誰就此經過。

——〈流杯池〉之八

霽，雨後或雪後轉晴。薜，薜荔，一種灌木，葉圓花小。蘿，女蘿，爬蔓植物，如《楚辭．九歌．山鬼》曰：「若有人兮山之阿，被薜荔兮帶女蘿。」謂山鬼身著薜荔，腰繫女蘿，後喻隱士著裝。玳瑁，一種海龜科爬行動物，此處指仿玳瑁色的建築構造「玳瑁梁」，即畫梁。琉璃，琉璃瓦。跂，踮腳眺望。

雨後初晴，清晨，玳瑁畫梁尚凝著春色，琉璃亭閣搖漾著水波光影。又一個晦暗雨夜過去，天地間霽曉氣清，萬物為夜雨清洗，天清地寧，朝氣勃發，瞧著都是好心情。此時不妨披襟賞薜蘿，跂石長嘯，攀松短歌。

七〇五年，神龍政變爆發，武則天退位，武周政權亡。其時上官婉兒四十二歲，終於從武則天的政治同盟中學成畢業了。近三十年的學習，她從女皇處獲益良多。首要一條便是：拋棄於己不再有用的東西。武則天終生都在拋棄，兒子們，不聽話的臣屬們，用過的酷吏，老惹是非的男寵，甚至，彌留之際的高宗。

迎接嶄新的未來，就得拋棄過去和過去的人。神龍政變中，上官婉兒拋棄了武則天。

狄仁傑的布局

即便武則天在金簡中，向三官九府祈願，也未能換來衰朽肉身恢復活力，長安四年（七〇四）入冬以來，武則天一直纏綿病榻，看來時不久矣。其時，三派奪嫡勢力鼎立，虎視眈眈。第一派是皇族和擁護李唐的大臣，第二派是武三思為首的武家子弟，第三派是集結在張氏兄弟周圍的投機分子。武家子弟，因武承嗣去世，力量雖有削弱，但武三思與二張兄弟過從甚密，前已有交往基礎，眼前又有實利誘惑，這兩派隨時都有可能合作，不容大意。

時間彷彿停滯了般，在緩慢地延挨，長安四年的這個冬天尤顯得漫長。迎仙宮內靜寂如斯，終日飄盪著丹藥的氣味。輕微搖曳的華麗垂幔，影影綽綽的病容，宮女衣裙的窸窸窣窣，銀勺磕在藥碗邊沿發出的夢幻般的輕響……非常時期，任何一滴消息，都會立刻飛出寢殿，成為政治內幕。

幾派奪嫡勢力在陰鬱、緊張的對峙中，終於迎來了新年。

新年應有新氣象。七〇五年正月初一，武則天改年號為神龍，這一年又稱神龍元年。然，新年並沒有帶來什麼好運，神龍元年伊始，女皇繼續臥病。所有要求覲見的朝臣皆被遣走，甚至也回絕了兩個兒子的探訪請求，《舊唐書》載，臣屬向武則天上疏：「皇太子、相王，仁明孝友，足可親侍湯藥。宮禁事重，伏願不令異姓出入。」朝臣著急把太子送往女皇病榻，名為陪侍，實則監視，萬一女皇殯天，太子即日登帝，順理成章，也可因此免去許多額外的麻煩。

人至彌留之際，一切權力、榮華皆成幻影，回歸人的身分，唯生死而已。外面那些等待的人，不論臣屬還是太子，無不像催命符，時刻提醒著女皇，您該死啦。而想到自己殫精竭慮締造的武周王朝行將瓦解，想到自己仍在努力求生，人家卻在等自己死……因之，武則天不理會群臣抗議，繼續終日幽居迎仙宮，身畔服侍的只有宮女和二張兄弟。

女皇的任性，可急壞了外邊的人。自古「挾天子以令諸侯」的戲碼時常上演，此時女皇若突然殯天，身邊只有二張，他們再合謀武三思，矯制遺詔，李唐將再次陷入危殆……

但是，也別急，女皇是跑不了的。狡猾的狄仁傑，狄國老，早就已把坑給女皇挖好了。

前面說過，神功元年（六九七）狄仁傑以六十八歲高齡，再拜相位。這次宰相任職期間，狄仁傑主要做了兩件大事。第一件，竭力勸諫武則天立李顯為太子。第二件，狄仁傑借女皇之手，將一些重臣輸送到重要職位，以備合適時機發動政變。

比如這位叫張柬之的老臣。

武則天愛慕人才，史有定論，謂其「課責既嚴，進退皆速，不肖者旋黜，才能者驟升，是以當代謂知人之明，累朝賴多士之用」。

《大唐新語》載，有一回武則天問狄仁傑：「朕要一好漢使，有乎？」狄仁傑想了想，回道：「臣料陛下若求文章資歷，則今之宰臣李嶠、蘇味道，亦足為之使矣。豈非文士齷齪，思得大才用之，以成天下之務者乎？」您要什麼樣的人才？若要文章寫得好能陪你消閒解悶的，您跟前不乏人物嘛。但您今天這麼問，莫非是想要一個能安邦定國的人才？

當然是要這樣的人，不然還用找你？

狄仁傑立刻回說：「荊州長史張柬之，其人雖老，真宰相材也。且久不遇，若用之，必盡於國家。」荊州長史張柬之，老是老了點，但真乃宰相之材也，您要不用一下試試？

武則天沒應，只給了張柬之一個洛州司馬的官位。過了些時日，武則天再問狄仁傑：「朕要一好漢使，有乎？」狄仁傑回說：「張柬之。」武則天道：「已遷之矣。」這人已升官，不用再提。狄仁傑卻說：「臣薦之，請為相也。今為洛州司馬，非用之也。」

如此這般，狄仁傑陸續向女皇推薦了張柬之、桓彥範、敬暉等，他們後來都是神龍政變的重要策劃者，推動了政權的順利移接，史稱「五王」。

狄仁傑臨終：「偶對終日，竟無一言。少頃，流涕及枕，但相視而已。」老也不斷氣，又一口氣說了許多遺言，終是「所恨衰老，身先朝露，不得見五公盛事」，心有所憾。又說「冀各保愛，願盡本心」，身為李唐舊臣，卻不能親見李唐復興，唯願同僚代為盡一份力而已。

女皇也說過「狄公一去，朝堂空矣」。女皇還說，見不得年老的狄國老下跪，看他下跪請安，自己膝蓋都痛，女皇又說……好啦。女皇的歸女皇，李唐的歸李唐。冀各保愛，願盡本心。

神龍元年（七〇五）正月二十二日，政變爆發。

神龍政變的爆發

參與神龍政變的各派力量，史家早已理清脈絡，歸納起來便是一個詞，裡應外合。外，自然是指張柬之為首的朝臣，太子李顯、相王李旦這些皇族勢力。裡，則指太平公主和上官婉兒聯手策反的一批宮女。

涉及後宮參與政事，正統史家歷來諱莫如深，此次政變中的後宮，當然依舊沒留下任何明確資料可資解讀、印證，只得靠少許偶然獲得的史料進行推測，如洛陽北邙山上曾出土的十幾方宮女墓誌。從墓誌所載，學者已考證她們便是此次政變中犧牲的「功臣」。

武則天晚年，生命力衰弛，行將就木，對朝堂和後宮的控制力都在下降。上官婉兒長住後宮，又是女皇身邊的掌機要，資源、人脈的累積自是不可小覷。不難揣測，武周末期，婉兒實際已取代武則天，掌握後宮大部分宮女的生殺大權。此般情形，若要策反一些宮女為她工作，並不是個難事。

神龍元年（七〇五），婉兒年已四旬，又一次站在抉擇的路口。前半生，婉兒已有過兩次重大抉擇。第一次在高宗後宮，她選擇忠於武則天。第二次，在李賢的太子府，她選擇忠於武則天。現在，上官婉兒第三次站在十字路口。

女皇依舊是女皇，只是政治環境已大不一樣。雖前有女皇親手制定的李武聯盟的藍圖，可明白人都知道，女皇不過是老糊塗了。從來一山都不容二虎，女皇年輕時也總是要殺個雞犬不留才罷手的。況且，與武三思一干人等聯盟，固為一種出路，在婉兒，卻只是備選。武三思的政治生涯，專攻諂媚，無甚建樹，張氏兄弟更不必說，逗女皇開心的弄臣而已。實力上，為李家保駕護航的朝臣們，皆功勳累累、權傾朝野，他們動一下手指頭，張氏兄弟這樣的細皮嫩肉怕是也夠受的。

當初，婉兒因與武三思的私情，在政務上，「每下制敕，多因事推尊武氏而排抑皇家」。因為其時女皇還活蹦亂跳地活著。女皇活著，仗著專寵，武三思和張氏兄弟不是沒有投機取勝的可能。可是現在，女皇快死了。

婉兒看得清楚。她知道太平公主也看得清楚。於是兩人一拍即合，成為神龍政變的內應，也即政變部署中的第四路人馬。其餘三路是：

第一路，由張柬之、崔玄暐等率領北衙禁軍，占領玄武門。玄武門乃宮禁的必經要道，占據此地，便阻斷了後宮與外界的聯繫。

第二路，右羽林大將軍李多祚率部分禁軍護送太子進宮。當朝太子李顯是大唐江山名正言順的繼承人，只有他在場，才能賦予政變以合法性，保證「清君側」順利進行。

第三路，相王李旦和他的司馬袁恕己，率南衙兵仗控制京畿各職能部門，肅清二張在相關部門的黨羽，穩定京都秩序。

政變中途出了一些小差錯。比如太子李顯，聽說要讓自己去逼母親退位，房州數年流放的噩夢立刻浮現腦海，李顯嚇壞了，怎麼也不願上馬，如此僵持了許久。最後還是手下將領耐不住，用激將法，大意是說：我們冒死護送殿下，殿下若退縮，便是陷我們於謀逆之罪，我們的命也是命，您老看著辦吧！

被母后弄死是死，被背上謀反罪名的部將弄死也是死，反正都是死，索性拚一拚吧，李顯一閉眼爬上馬，直奔玄武門。

除卻這些小小的不愉快，政變按部就班地進行著，局面皆在掌控中。不多時，張柬之一干人等進逼迎仙宮。女皇寢宮附近如禁苑、亭閣等地分散的侍女、使役中，總是有些機靈鬼的，眼見一眾武將披甲佩刀，便知大事不好，轉身直奔迎仙宮，想要報告女皇但旋即被上官婉兒安插的內應截住。一場廝殺在所難免。有些宮女遇難，成為洛陽北邙山宮女墓誌中被紀念的無名者，但消息的傳遞也被成功阻止，政變者在迎仙宮外廊順利誅殺張氏兄弟。

刀起頭落。兩個明眸皓齒的美少年，轉瞬成為面目猙獰的無頭屍。眾將士潛入寢殿。「亂者誰耶？」

寢殿內傳來武則天威嚴的質問。不愧是政變老手，從眾人步履的雜沓、匆忙，立刻知道有人作亂。

宰相張柬之應對機警，臺詞亦滴水不漏：「張易之、昌宗謀反，臣等奉太子令誅之，恐有洩漏，故不敢以聞。稱兵宮禁，罪當萬死！」（《資治通鑑》）

說是「罪當萬死」，語氣卻異常強硬，顯是有備而來。武則天逼視著張柬之。張老年屆八旬，與武則天同齡，都已是雞皮鶴髮，即使在倡導退休者再就業的現代高齡化社會，八十歲也該頤養天年、不問世事了。而在一千三百多年前的某天，一個八十歲的老傢伙卻要革另一個八十歲的老傢伙的命。女皇凝神想了一小會兒這個老張，思索著自己在哪裡漏掉了。

永昌元年(六八九),武則天舉行殿試,為大周開制廣納賢才,張柬之一舉高中,拜監察御史,其時張柬之都已六十五歲了。真真可謂烈士暮年,壯心不已。武則天也是這位大器特別晚成的老張的第一個貴人。

然後呢?然後「臣薦之,請為相也。今為洛州司馬,非用之也」。陰魂不散的狄仁傑……

天后謝幕

《資治通鑑》載，武則天知大勢已去，倒也從容。女皇默然注視著衝進來的叛亂黨羽，目光如炬，即使在自己倒臺的時刻，一代女皇也自有威嚴。

站在寢殿的那些人，武則天一一看過去。太子李顯，張柬之，桓彥範，嗯，皆是從前狄仁傑力薦力保的。一夥兒的。再看過去，崔玄暐。女皇的目光停在崔玄暐身上，謂：「他人皆因人以進，唯卿朕所自擢，亦在此邪？」別人都是因他人推薦才被擢拔，唯你，是我親自提拔，為何也在此？

要參與政變，革女皇的命，至少在自己思想上，關節都已是打通的，因之崔玄暐面對昔日伯樂，回答也頗狡黠：「此乃所以報陛下之大德。」我站在這裡就是為報答陛下您的拔擢之恩呀。罷了，武則天微微搖頭，目光再轉向李湛，也即當年自己忠實的追隨者李義府的兒子，武則天嘆口氣：「汝亦為誅易之將軍邪？我於汝父子不薄，乃有今日！」你也參與了誅殺易之將軍的行動？我待你們父子不薄，你就是這麼回報我的？！李湛「慚不能對」，被盯得受不住，羞愧得低下頭。

武則天審視李湛，終也收回目光裡的輕蔑。女皇的政治手冊裡，羞慚向來被認為是成大事者多餘的東西。李湛既參與政變，又慚不能對，想來仕途也就到此了。女皇支頤沉思，復又引頸望向寢殿遠處，她想起了什麼。

宮女們一律跪倒，頭面伏地，武則天一一掃視，或會將目光鎖在一個人身上。

上官婉兒。

史書未著一字，但能想來，整個政變過程中，上官婉兒肯定一直是在場的，在暗處，在背景裡，指揮宮女的行動，密切關注政變動向。又若，此時婉兒真的在現場，遠遠立在寢殿某處，武則天也許想問同樣的話：「我於汝不薄，乃有今日！」上官婉兒定會平靜地回望，崔玄暐回應的話應能代表她的心聲：「此乃所以報陛下之大德。」

但想來兩人不會有言語，又或者千言萬語，抑或說歲月的千軍萬馬，都靜默地橫亙在兩人平靜亦遙遠的對視中。

儀鳳元年（六七六），十三歲的上官婉兒進入禁中，服務於武則天——她的滅族仇人，她的伯樂。時光流逝，足足三十年過去。從「見天后庸知非福」的那一刻，上官婉兒輔佐她，看她滅掉太子人選，流放中宗，軟禁睿宗，掀開酷吏政治，以太后身分臨朝稱制，絞殺李唐宗室，終，登頂皇帝寶座。從「見天后庸知非福」的那一刻，上官婉兒見證了武則天睿智與殘暴，欣賞與壓制，鐵腕與偶爾流露的溫情，知遇之恩與終生銘記的黥刑，金簡祈福中難得的謙卑與協調李武兩家關係的種種幼稚舉動，終，至武周最後的覆滅……

歲月流轉中，從相看相惜，到互相成就，到生命末期無情地拋棄，無論武則天還是上官婉兒，自當明白，優勝劣汰，此乃政治叢林的第一法則。上官婉兒所為，一如武則天自己，關鍵時刻，拋擲對自己不再有用的東西。若說上官婉兒從武則天身上學到的最鐵血也最有用的知識，那就是：可以讓人生讓人死讓人高尚讓人低賤的，是至虛幻至真實至冷酷至火熱至實用又至飄忽不穩的，是人類從「社會」這一概念誕生起就主宰著人性的，權力！

在與女皇的對望中，三十年的時光飛速掠過。從今以後，在這部傳記中，上官婉兒的人生，將不再借助武則天的政治活動進行推測，也即說，婉兒不再活在武則天的陰影下。

她從幕後走到了前臺，至此，她的有史可查的政治行為大大多於武則天時期。上官婉兒的目光裡，沒有一絲羞慚，只有無懼和冷傲，在在都寫著：天后，您過時了！

神龍元年（七〇五）正月二十三日，也即政變第二天，太子李顯監國。

二十四日，武則天下詔傳位李顯。

二十五日，李顯正式即位，是為中宗。

二十六日，武則天遷居上陽宮。

從神龍元年二月四日起，中宗下詔改國號為唐，宗廟、社稷、陵寢、百官、旗幟等制，一律恢復到唐高宗去世的那一年，即弘道元年（六八三）。

武周政權滅亡。

神龍元年十一月二十六日，武則天殯天於上陽宮的仙居殿，享年八十二歲。彌留之際，武則天頒發最後一道詔令：「祔廟、歸陵，令去帝號，稱則天大聖皇后。」（《資治通鑑》）生命最後，一代女皇又回到了妻子、母親的身分，回歸李唐宗室。

參與神龍政變的核心功臣，均受到中宗李顯的封賞。張柬之等五人都官拜宰相，爵賜郡公，權傾朝野。相王李旦被封安國相王，官拜一品太尉、知政事。太平公主被晉封為鎮國太平公主，實封漲至五千戶，允開公主府，丈夫武攸暨的地位由原來的郡王提升到親王，受封「定王」。上官婉兒，《資治通鑑》載，神龍元年二月，「及上即位，又使專掌制命，益委任之，拜為婕妤」，至五月，又被立為昭容。

蒼穹之上，若命運之神真的在俯瞰眾生，想必他也會因這樣的巧合微笑：終武周一朝，在身分上，上官婉兒都只是一個五品才人，一如武則天在太宗後宮的地位。進入中宗朝，上官婉兒拜昭容，位列二品。同樣，永徽年間武則天重返後宮後，迅速晉升昭儀，二品。

神龍政變中，上官婉兒拋棄了武則天，然，前三十年中，在性情、眼界、政治理念等各方面，武則天對婉兒的全方位鍛造、深入骨髓的影響力，似又注定，終其一生，婉兒都無法擺脫武則天。

第九章　宮廷中的權力賽局

玉環騰遠創，金埒荷殊榮。弗玩珠璣飾，仍留仁智情。鑿山便作室，憑樹即為楹。公輸與班爾，從此遂韜聲。

——〈流杯池〉之九

騰遠，久遠。金埒，鑲有名貴配飾的馬匹。公輸，公輸般，又稱魯班，春秋時魯國名匠。班爾，隋代名匠。韜，蟄伏，隱藏。

上官婉兒悠遊長寧公主府邸，偶遇一處絕妙勝景，遐想蹁躚。若於此地鑿山為室，憑樹為柱，怕是公輸、班爾諸等大師，也甘願就此退隱林下吧。

隱，即無，為空，背向紅塵。玉環、寶馬雕飾，喻俗世、人間喧譁，為滿。此詩妙在將空與滿對比。空，自勝一籌。

隱，乃上官婉兒這組山水詩中反覆吟詠的主題。終生囿於宮廷，彈丸之地，熟悉的生活也是角勁弓鳴，無緣行至水窮處、坐看雲起時的灑落。婉兒對另一方天地，對嘯詠長林的隱士，始終是獨有情懷的。

只是漠漠人世，茫茫萬劫，有些人可以做到不忘初心，返璞歸林。而對另一些人，在隨波逐流中奮力迎擊，才是其真正的宿命。

上官昭容的崛起

張氏兄弟伏誅，武則天退位，神龍政變兵不血刃，完美收官。隨著二張倒臺，當年奉宸府內以編《三教珠英》為名集結的文人班子，迅速瓦解，作鳥獸散。那些趨力媚附二張的著名詩人們，如杜審言、沈佺期、宋之問等，皆遭到貶竄嶺外的待遇。嶺南山高水寒，不知大詩人宋之問有沒有帶上女皇御賜的錦袍取暖呢？一朝天子一朝臣。真真是也。

政權交接順利，李顯再次登帝，史稱唐中宗。這一次不用擔心母后使詐，中宗貌似可以安心做皇帝了。

可他並不安心。

神龍政變剷除了二張黨羽，威懾了武家子弟，然，一夜之間，卻也忽地冒出三派更煊赫也更具威脅的勢力。

一號勢力，安國相王李旦，也就是李隆基的父親。神龍政變中，李旦「統率南衙兵仗，以備非常」（《舊唐書》），對穩定京都秩序，促進政權交接，有莫大貢獻，時人共睹。再，李顯流放房州數年，李旦雖也被母后軟禁府邸，可房州和京都能比嗎？李顯遠在房州那些年，生死難料，留在京都的李旦，可是李唐舊臣們唯一的精神寄託。要說李旦沒有與他們暗通款曲，誰信呢？若不是聖曆元年（六九八），契丹進寇幽州，打著擁立李顯的旗號「何不歸我廬陵王」（《舊唐書》），讓武則天和朝臣們在邊患叢生中，看到這個兒子也還有點用，從而立為儲君，若僅憑李顯自身的實力，能搶到太子之位的機會堪稱渺茫。

二號勢力，鎮國太平公主。不僅太平公主「鎮國」，她的夫君武攸暨也成為定王，意即親王，這是皇族兄弟才能有的待遇。或許是太想表達對胞妹鼎力協助的感激，中宗又允太平公主開府，設定官署。依唐律，開府設衙乃皇子特權，在此之前，也就平陽公主有過此待遇。太平公主深耕多年，在京城本就根深葉大，現在夫婦倆均被破格拔擢，一時權勢熏天，不僅當朝官宦都要給她面子，還穩居中宗朝財富排行榜之首。《資治通鑑》載，「及誅張易之，公主有力焉。中宗之世，韋后、安樂公主皆畏之」。終中宗一朝，對太平公主，韋后都不敢擅動。

三號勢力，神龍功臣，也即以張柬之為首的五王。中宗復位，這五位重臣，均加官晉爵。張柬之為夏官尚書、同鳳閣鸞臺三品，轉中書令；崔玄暐守內史，遷中書令；袁恕己為同鳳閣鸞臺三品，轉中書令；桓彥範、敬暉為納言。五人皆位居宰相。曾經的戰友，如今的宰相五人幫，又自詡擁戴之功，新朝開局，立即搞起了小團體，排除異己，把持朝堂大權。再，前因政變需求，五王策反北衙禁軍，收在旗下，此時這支禁軍與五王交往密切。自己的保鏢手臂肘往外彎，這對中宗而言，真真如芒刺在背。

另一廂，再看皇帝夫婦。流放房州數年自不用說，能活著回京已是萬幸。即使聖曆二年(六九九)始，成為名正言順的儲君，李顯也仍在女皇強而有力的箝制中，號稱「準朝廷」的太子府該有的資源、人脈，全都沒有，簡言之，就是一個光桿司令。長安年間，只因聽信流言，武則天逼死他的一對兒女，其時女兒永泰公主還是有孕在身的，滿朝文武竟未能說服女皇改變主意。可想而知，這個太子當得有多可悲。現在，當皇帝了，終於擺脫母后了，總歸會好些吧。可是，看一看這被瓜分殆盡的大唐天下，身居九五之尊，也就是個空架子。中宗傻眼了，瑟瑟寒氣從腳底板直往上竄。

不想受人擺布，就得尋找出路。

《資治通鑑》載，「及上即位，又使專掌制命，益委任之，拜為婕妤」。其時為神龍元年（七〇五）二月，政變剛結束不久，為回報上官婉兒在政變中的功勞，中宗將婉兒從五品才人升至三品婕妤。

僅兩個月後，上官婉兒再次升至昭容，位列正二品，後宮位分僅在皇后、貴妃之下。三個月內，品級兩次升遷，結合當時的政治環境看，原因只有一個：中宗意欲拉攏上官婉兒。

中宗找到了抗衡三派勢力的法子，那就是組建自己的智囊團。這個團隊中，上官昭容被中宗認定是不可或缺的，如《新唐書》載，「帝即位，大被信任」。

努力了三十餘年，現在，上官婉兒終於贏得了機會，走進權力的核心地帶。

與韋后的聯手

弘道元年（六八三），高宗駕崩，遵遺詔，李顯即位。這是李顯第一次當皇帝。

皇位還未坐熱呢，心繫老婆娘家的李顯，執意將老丈人從普州參軍拔至豫州刺史，倏忽又要升到宰相侍中。區區八品小官，轉眼火箭式擢至三品，還口出狂言：「我以天下與韋玄貞，何不可，而惜侍中邪？」（《資治通鑑》）不要說一個侍中了，我就是把天下給我老丈人又怎的？堂堂帝君，無視朝堂成規，授人以柄，武則天以此為據，兩個月不到就把李顯一家趕到了房州。

從此次事件即可看出，李顯身為皇帝，真是不行，可身為丈夫，也真是暖，暖到五迷三道，不帶腦子。不顧後果火箭式提拔老丈人，原因只能是韋后在背後死命的攛掇（慫恿）。只是此一時彼一時，二十年前，有武則天的壓制，韋后也就只能想想強行給老爹升官，以抬高自己身家。現在，女皇退位，韋后便肆無忌憚了。

《舊唐書》載：「（神龍元年五月）丙申，皇后表請天下士庶為出母為三年服，年二十二成丁，五十九免役。」《舊唐書．中宗韋庶人傳》亦載：「時昭容上官氏常勸（韋）后行則天故事，乃上表請天下士庶為出母服喪三年；又請百姓以年二十三為丁，五十九免役，改易制度，以收時望。」意謂規定老百姓也應為去世的母親服喪三年，且表請百姓二十三歲成丁，五十九歲入老，並免其徭役。

這兩則文獻，透露出兩個重要訊息：第一，貌似是上官婉兒慫恿韋后行則天事；第二，神龍政變後，為穩固帝位，中宗著手籌建自己的智囊團，然，韋后已經開始利用這個機會為自己鋪路。

但「上官氏常勸（韋）后行則天故事」，這個「常勸」似乎應難以成立的。原因也簡單。第一，韋后的野心根本不需要上官婉兒來鼓動；第二，其時政變剛結束，高度敏感時期，以婉兒審時度勢的能力，想來不會犯這麼低智的錯。

韋后，出身京兆大族，但家族勢力早已有名無實。當初武則天給李顯挑了這麼個正妃，就是看上韋后家族，名頭雖大，也就是個空殼，沒什麼實力，翻不起大浪來。可韋后自己不這麼看，雖然不復輝煌，老爹也只是個八品官，但至少曾經輝煌過，而且還可能再次輝煌。她武則天不也是出身并州小門戶？而且還是被太宗扔掉、被高宗撿回來的人。她都能一步登天，韋后從哪點看也覺得自己不比她差。

從來野心的實現，都需要實力支撐。不過話說回來，野心也是沒有門檻的，有沒有野心和有沒有能力實現野心，原就是兩碼事。

為什麼說鼓動韋后是低智行為？鼓動就是選邊站，就是擺明立場。而政變剛結束，局勢不穩，乃一窩亂流，此消彼長，不假以時日，尚難辨明走向。急著挑明立場，不過是愚蠢地將自己置於險境。再，神龍政變原就是上官婉兒和李家後人的聯手，現在就急吼吼去鼓動一個沒資源、沒能耐、也沒嫡子（嫡子李重潤已被武則天弄死）的「三無」皇后，圖什麼呢？婉兒「天性韶警」，在女皇身畔磨礪多年，想來不至於如此冒進。

《舊唐書》所載神龍元年五月韋后的這則「表請」，有學者據此斷定，婉兒此時就已經依附韋后，未免武斷。其實細審這則「表請」，在在都是模仿武則天的「建言十二事」，無甚新意，根本也不需特別的出謀劃策。與其說出自婉兒的手筆，不如說韋后公開效顰武則天。再從韋后後來的行跡看，她對武則天的模仿，尚不止此一處，可說是亦步亦趨。

不鼓動，卻也不勸退，靜觀其變，順勢而為，這才應是上官婉兒的立場。婉兒的態度，取決於中宗的態度。若中宗一味軟弱，任憑韋后坐大，婉兒何樂而不為呢？男弱女強，本就是她熟悉的模式。

就韋后一生的政治活動看，除了處處效仿武則天，簡直一無是處，是個有野心、沒腦子的蠢女人。上官婉兒為何不想辦法把她幹掉，取而代之呢？她的前任領導武則天不就是這樣的？同為先帝才人，後來又是當朝皇帝的昭容，不由得讓人產生這樣的聯想：上官婉兒和武則天，兩人人生前半局的遭際有過兩次重合，是什麼促使在第二次重合處，兩人的命運就此分道揚鑣？

古代政治中，後宮女性弄權，都脫不了「母以子貴」的先期保障。武則天重返後宮，時年二十八歲，一口氣生了四個兒子。身為太子之母，她的後宮地位無人能敵。源源不斷把兒子們輸送到太子之位，是一個必要的緩衝，武則天藉此完成了所有政治資本的累積。在這一點上，武則天占得了先機。

再看上官婉兒，神龍政變後拜為昭容時，她已經四十二歲了。即使接近中宗，她幾乎也不可能生兒育女、開枝散葉了。在那個時代，血緣至上，沒有子嗣，就無法建立有效的政治關係網，就始終是個局外人。

畢竟少了上天的眷顧，上官婉兒單槍匹馬，只能黯然地，退而求其次。說得好聽，是輔佐，說得難聽，就是依附。

雖初在觀望，但隨著中宗智囊團圍捕行動的展開，她進一步捲入韋后黨羽，似也漸成必然。韋后和武則天之間，有霄壤之別，婉兒不是不明白，只是她也沒有別的選擇。或更可說，她的政治生命是需要韋后這樣一個人存在的，唯有中宗和韋后的搭檔模式，才讓她有發揮政治才能的空間。

武三思的推舉

三缺一，不僅說牌局，也可比擬政局。打牌，少一個人，湊不成局，難免掃興。工作小組，通常各有其責，少一個人，執行力也會遇阻。現在中宗智囊團核心成員已有三位。

一號唐中宗，皇帝，天下最大的官，但中宗在這個位置上，似乎唯一擅長的就是給別人封官。以前給老丈人封官，神龍政變後給相王、太平公主、上官婉兒等人封官。現在瞧著自己麾下無人，一著急，又封了一批。但可用之材也跟朝堂實權一樣，被瓜分得差不多了，對中宗而言，實在是窮景荒年，為討得輿論支持，竟也封了幾個名聲很不好的道士當官。

二號韋后，名頭響亮，野心勃勃，其餘方面，跟丈夫一樣，捉襟見肘。

三號上官婉兒，該是這個小團隊中，唯一堪稱「資深」的政客，城府和手腕都不在話下。但有個致命的問題，昭容雖位列二品，也只是後宮身分，沒有實權，無法調動一兵一卒。因此，沒有外廷官員的執行權，上官昭容再厲害，也只能停在紙上談兵。

三缺一。而且缺的這個人非常重要。上官婉兒想到了武三思。

女皇退位，武三思失去了保護傘，又加狄仁傑臨終遺言，五王坐等索命，其時武三思惶惶不可終日，正亟亟於尋求東山再起。經上官婉兒引薦，武三思與中宗一見如故。武三思雖暫處蟄伏，武家實力卻未受政變衝擊，武周一朝積蓄的人脈、資源保存完整，中宗喜上眉梢。而於武三思，中宗手上隨意封官的特權，也正是他需要的。

擅長封官的唐中宗，立即讓武三思當了宰相。當武三思出現在皇帝夫婦面前時，不僅中宗眼睛一亮，韋后眼裡也開始嗖嗖放電。史傳，武三思高大英俊，貌似很有吸引力的樣子。韋后接收到了這股吸引力，也相中了武三思的家底。一來二去（此處省略很多字），兩人打得火熱。

在歷史的記載中，中宗拾掇的這個智囊團，是沒什麼口碑的。正史為這個智囊團的形象統一了口徑：綠帽子，各種私通。

這綠帽子，有說中宗同時戴了兩頂。第一頂來自上官昭容。然，因上官婉兒的身分實在特殊，是否與中宗真有夫妾之實，無從揣測。再，隨著皇后插足，婉兒和武三思的私情是否能繼續維繫，也未可知。所以這一頂存疑。

可第二頂是坐實了的。歷史上的韋后，以妖冶和放蕩著稱，不僅與武三思有染，先後還有幾位情夫在史書留下名字（後面他們會出場）。似乎十多年的流放生涯後，她是要將壓抑的不滿和慾望加倍發洩。總之，世人謂髒唐臭漢，這傢伙是做了貢獻的。

絕不是刻意為婉兒和她的隊友強辯，不過這個團隊中，四個搭檔的背景實在是可追究的。用現代人的眼光看，他們各自都帶有深重的心理創傷。上官婉兒和武三思，前文已經分析過，他們早期的命運相似，因祖、父輩而受牽連。其實這還算好。中宗和韋后的悲劇，是武則天親手締造。武則天一步步登頂帝座，就像修煉一種絕世武功，而在這個過程中，中宗和韋后就是武則天練功剩下的藥渣。

李顯，被母親貶謫房州十六年，潦倒至女兒安樂公主出生時都無襁褓可用，只好從自己衣服上撕下一塊布將孩子裹起來。這還不算，十六年來，李顯一直處於隨時會被母后暗殺的陰影中。《資治通鑑》載，「上每聞敕使至，輒惶恐欲自殺」，一聽到母后派人來，李顯就恐懼得想自殺拉倒，不麻煩母后動手了。長達十六年這般心理煎熬，怕是常人無法想像的。

韋后，京兆大戶出身，家有一個妹妹、四個弟弟，原本也是父慈子孝的圓滿。李顯被廢，韋氏隨夫流放房州，韋家也遭牽連，一家老小被流放至欽州。父親韋玄貞很快病逝。韋氏妹妹被當地的部落首領看上，韋家因不同意這門親事，導致全家被殺光。其時，四個弟弟均未成年。

智囊團的四位核心成員，政治、私生活彼此滲透，情、欲、利三者捆綁，然，中宗仍不放心。中宗效仿母親當年的做法，重拾李武聯姻，先後讓安樂公主、新都公主離婚，再改嫁。中宗最寶貝的女兒安樂公主，再嫁武崇訓，成為了武三思的兒媳。

酷吏政治時代，為熄滅可能的星星之火，武三思協助姑姑，幾乎將李家連根拔除。武則天晚年為緩和兩家關係，雖費盡心思，但到底也是水火難容了。而現在，李武兩家不僅一笑泯恩仇，又還認認真真地做起了兒女親家，保持著親密走動的關係，《資治通鑑》載，中宗「數微服幸武三思第」。

引頸張望的投機者們，馬上嗅出了朝廷新的風向，紛紛改換門庭，投奔中宗的智囊團。在丈夫跟前囂張慣了的韋后，趁機借武三思之力，拉攏一些野心家，壯大自己勢力。一時竟也有了烈火烹油的熱鬧。

眼看著刀俎下將死的魚，忽又鹹魚翻身，成了宰相。張柬之等五王想必悔得腸子都青了。他們已經錯過了誅殺武三思的時機。

《資治通鑑》載，張柬之嘆道：「主上昔為英王，時稱勇烈，吾所以不誅諸武者，欲使上自誅之，以張天子之威耳。今反如此，事勢已去，知復奈何！」之所以遲遲未動手，原是想把誅殺武三思的光榮任務留給中宗，替李唐宗室報仇，彰皇家天威。不想稍不留神，自己卻成了武三思的獵物。《資治通鑑》載，武三思「以則天為彥範等所廢，常深憤怨，又慮彥範等漸除武氏，乃先事圖之」。意謂先下手為強，殺五王。

世事如棋，不外如此吧。

狄國老臨終交代「梁王三思尚掌權，可先收而後行也。不然，則必反生大禍」。他明白李唐天下根本容不下武三思。既然揚州叛亂、契丹入侵，能打著匡復李唐的旗號，保不定哪一天會有人打出復興武周的旗號。武三思就是一顆不定時炸彈，務必提前鏟除，永絕後患。狄國老有此遠見，不愧為名垂青史的一代權臣。

而張柬之……當年狄國老向武則天推薦張柬之時說，老張老是老了點，但確是宰相之材。

但這個老張啊，還是老了點。

第十章　崔湜與一場禁忌的愛情

沁水田園先自多，齊城樓觀更無過。倩語張騫莫辛苦，人今從此識天河。

——〈流杯池〉之十

沁水田園，東漢明帝之女沁水公主的府邸，也稱「沁園」，後世以此泛稱公主的園林。倩，請求，央求。

此詩取「張騫泛槎」的典故。

古時傳說，人若乘槎漂流，便能穿越時空，直上九霄雲漢牛郎織女的居所，或逆黃河源頭通達天河。該典故約形成於北朝，初謂鄉關情結。張騫遠涉西域，持節獨行，蒼茫天地間，渺渺身影，山河故國，歸期難定。然，狐死首丘，不問歸期亦心繫家國。

至唐，此典故人多喜用，但思鄉悲情已被初唐的豪情壯懷所取代。張騫出使陌生之域的傳奇，恰契合初唐人渴望立功邊塞、揚名四海的壯烈情懷。如盧照鄰「迷方看博，邀赤斧於禺山；失路乘槎，問君平於蜀郡」，李嶠「蜀郡靈槎轉，豐城寶劍新」，宋之問「氣有沖天劍，星無犯鬥槎」，等等。

上官婉兒此詩於一片金石之音中，又顯得特別。引張騫典故，不謂豪情，反嘆張騫持節獨行十餘年，長安佳人，鴻雁望斷，也憔悴了容顏。倘若天河便流淌在公主莊園，奉命尋源的張騫就不用辛苦遠行了。

上官婉兒存詩三十二首，直抒「閨怨」者，唯年輕時〈彩書怨〉。時隔多年，「閨怨」又在此詩隱隱搖曳，或為遵循「閨怨」詩格所制，或衷心而發，正所謂：功名萬里外，心事一杯中。

心事，不宜深究。

天津橋的風波

天津橋下陽春水，天津橋上繁華子。馬聲回合青雲外，人影動搖綠波裡。綠波蕩漾玉為砂，青雲離披錦作霞。可憐楊柳傷心樹，可憐桃李斷腸花。此日遨遊邀美女，此時歌舞入娼家。娼家美女鬱金香，飛來飛去公子傍。的的珠簾白日映，娥娥玉顏紅粉妝。花際裴回雙蛺蝶，池邊顧步兩鴛鴦。傾國傾城漢武帝，為雲為雨楚襄王。古來容光人所羨，況復今日遙相見。願作輕羅著細腰，願為明鏡分嬌面。與君相向轉相親，與君雙棲共一身。願作貞松千歲古，誰論芳槿一朝新。百年同謝西山日，千秋萬古北邙塵。

——劉希夷〈公子行〉

此詩摹寫洛陽公子遊冶天津橋，千餘年前洛陽都市的繁華日常盡涵詩中。春日遲遲，楊柳依依。天津橋下，洛河貫城而過，湯湯遠去，河水波光瀲灩，人影搖曳水中央。橋上車馬雜沓，人聲喧譁，響徹青雲。遊春佳人，素手纖纖，紅妝娥娥。遊春公子，神姿疏朗，音容燦爛。佳人自顧盼多情，公子亦徘徊往顧。嘗有楚襄王夢遇巫山神女，今在天津橋這繁華地、綠波漾漾春光裡，風流公子邂逅窈窕美人，也自有一段佳話。千秋萬古，化作北邙煙塵，情亦貞剛……

然，天津橋既橫跨洛水，為洛河兩岸往來的必經之道，又西鄰東都苑、上陽宮，北面皇城，南對嵩山，東望漢魏故城（曹植曾在此展示洛神的凌波微步），這樣集政治、經濟、交通中心於一體的繁華地段，僅用來談情說愛、尋歡找樂，顯是太浪費了。

政客們早有考量。凡人潮集中的地方，往往自帶輿論擴散效果，事件傳播會加倍放大，因之，初唐政治，每有大事發生，天津橋亦現身其中。

調露二年（六八〇），從太子府馬坊搜出的幾百領甲冑，武則天命令運往天津橋當眾焚毀。太子賢謀逆，遂以這種方式昭告天下，武則天占得輿論先機。

神龍元年（七〇五），二張在政變中伏誅，同期，張家其餘三個兄弟張昌期、張同休、張昌儀被一併問斬，梟首於天津橋南。

神龍元年年尾，某日，天津橋公告欄，突然出現一帖傳單，傳單歷數武三思與韋后種種穢行，極描摹之能事，看得人血脈賁張，文末號令時人奮起，廢黜此等淫亂皇后。

皇后無德，雖民間早有傳聞，但流言歸流言，作為特大新聞正經八百「榜於天津橋」，又是另一回事。洛陽城沸騰了。許多人前來觀瞻、品評，人群接踵摩肩，一時間，天津橋附近的酒樓瓦肆、亭臺軒榭，只要人群聚集地，韋后、武三思，穩居熱搜第一。

洛陽城已經有一陣沒這麼熱鬧了。當年駱賓王〈討武曌檄〉中有段促發時人想像的描寫：「昔充太宗下陳，曾以更衣入侍。洎乎晚節，穢亂春宮。潛隱先帝之私，陰圖後房之嬖。入門見嫉，蛾眉不肯讓人；掩袖工讒，狐媚偏能惑主。」人們記憶猶新。討武檄文？討韋檄文？那是政客們忙的事，民間百姓可是當豔詩來讀的。二十年後，洛陽百姓有幸再次大飽眼福，領略皇后風流。難怪那麼多女人想當皇后呢。

誰做的？

除了皇帝夫婦的死對頭，張柬之等五王，還能有誰？

張柬之一拍腦門，我沒做啊。再一拍腦門，這確實應該是我做的。

就像當年術士明崇儼遇刺，只能是李賢做的。但是……

中宗御筆一揮：貶！

在此之前，第一個回合中，上官婉兒、武三思等智囊團成員已經密諫中宗，以明升暗降的法子，將張柬之等人的爵位從公提升為王，同時罷其宰相職位，奪去手中實權。

此次天津橋醜聞事件後，五王陸續被貶為刺史，趕出京師。神龍二年（七〇六），武三思等再次炮製多起冤案，嫁禍五王，五王再被貶為州司馬。最後，流放嶺外。史載，天津橋醜聞事件，係武三思私下炮制，故意激怒中宗，借刀殺人。史料中也沒有留下上官婉兒明確參與的痕跡。但，武三思私自行動的可能性不大。

此事體非同一般，事關皇室尊嚴。中宗庸懦，到底也是個男人，還是皇帝，手持合法殺人的特權。激怒他的後果，誰也沒有十足把握。皇后通姦，公告天下，舉國上下都知道皇帝戴了綠帽子，身為皇帝，中宗必須做出反應，他有兩個選擇：弄死奸夫，或者弄死傳播者。選擇前者是本能，選擇後者是政治。中宗能在親生母親的死亡威脅中，成功活過十六年，他到底不是吃素的。

所以天津橋醜聞事件，應該仍係小團體做的。大膽推測一下隊友分工：傳單內容，當為武三思和韋后親自操刀，畢竟只有他們自己才能拿捏好分寸，願意穢到什麼程度。上官婉兒再加工，潤色，尤其是文末號令時人廢黜皇后的部分。語詞也能殺人，這乃婉兒的看家本領。中宗呢，負責裝聾作啞，以及最後御筆一揮：貶！

嶺南啊，武三思太知道那地兒了……天津橋醜聞事件圓滿結束，武三思拍拍手，做完，收工，終於可以睡個安穩覺了。

不行！「暉等異日北歸，終為後患。」要是哪天他們回來了呢？斬草不除根，後患無窮！宰相大人自己不就是活生生的例子？

武三思一瞧，說話的是智囊團新進成員，才華橫溢、風度翩翩、回眸一笑引無數少女魂不守舍，《舊唐書》讚其「美姿儀」的大才子——崔湜。

臥底的崔湜

婉兒喜歡美男子。這不能說是受了女皇的影響，人有條件的時候，都會喜歡美男子。

崔湜不僅相貌俊雅，詩才亦不在婉兒之下，《全唐詩》錄其詩歌三十二首，史有「一代文宗」之稱。崔湜早慧，二十一歲中進士，聖曆元年（六九八）官至兵部侍郎，年僅二十八歲。其時崔父為禮部侍郎，父子同朝為官，又分任兩部的副長官，一時傳為美談，成為唐朝版別人家的老公、別人家的孩子。

《太平廣記》載有一則軼事：某日向晚，崔湜從朝廷下班回家，出皇城正南門端門，騎馬過天津橋，極目遠眺，只見洛陽城內春光裊裊，繁英飄蕩，一時興至詩生，張口便道：春還上林苑，花滿洛陽城……

話說張說剛好也下班路過，聽見崔湜隨口吟出的詩竟這麼出彩，只好嘆曰：「文與位固可致，其年不可及也。」謂這年輕小子不僅文采風流，這般年紀就有如此成就，我真是比不上啦。其時，崔湜三十八歲，官拜宰相。而這個張說呢，也著實是個厲害人物，前後三次拜相，執掌唐文壇三十年，乃玄宗一朝的大紅人，也是後來奉玄宗命，編撰上官婉兒文集的人。這則軼事中，他居然做了崔湜的配角，可見有那麼一陣崔湜確實出盡了風頭。

不過，要說大才子崔湜官拜宰相、出風頭這事，是必須給上官婉兒記一功的。

崔湜原為五王陣營的人，聽命於五王之一的桓彥範。神龍政變後，五王與中宗集團的衝突不合火速上升。相權與皇權之爭，已經勢不兩立，加之武三思歸附中宗，五王已預感處境不妙。桓彥範想了一招，即派一個臥底去武三思身邊，刺探消息。

這個臥底就是崔湜了。

其時，武三思和中宗夫婦已經完成各方面的接洽，確認了眼神，對方就是自己要找的人，正在你儂我儂的好時節。因此，崔湜臥在武三思身邊一段日子後，發現局勢微妙。設想這樣一個場景：崔湜拜訪武三思府邸，進門看見的，不是君臣，是和衷共濟的倆親家公。再，武三思和韋后坐在一塊打雙陸棋，貴為一國之君的中宗卻很隨和地站在一旁，看熱鬧、加油……崔湜一看這陣勢，當下便知五王死定了。大約是心中默唸三次，完了完了完了，然後果斷地「棄暗投明」，依附中宗集團，並將自己掌握的五王一干人的消息，一字不漏地透露給武三思。從此，崔湜參與進整倒五王的合作中。

正是在這段時期，同屬中宗陣營，上官婉兒和崔湜有了許多正面的接觸，往來日益密切。這個小婉兒七歲的美男子，曾經也是奉宸府的常客，也參與編撰《三教珠英》，還因編撰有功，被任殿中侍御史。依崔湜這般鑽營的性情，奉宸府內那些逗女皇消閒解悶的酒會、沙龍上，想來是一定不會錯過露臉機會的。上官婉兒、太平公主之類的顯貴，也一定是他亟亟於結識的。只是這樣一個薈萃天下英才的皇家沙龍，本就人才濟濟，要想出頭，怕是很難。何況其時上官婉兒身邊有武三思。不論身分、資歷還是其他，當時的崔湜，在上官婉兒眼裡，想來是個不起眼的小角色。

儘管值神龍二年（七〇六），在中宗集團中，論資排輩的話，崔湜仍然是個小角色，但此一時彼一時，如今女皇仙逝，奉宸府已成往事，上官婉兒轉戰中宗陣營，至於與武三思的感情……史載，上官婉兒與崔湜於此年建立情人關係，從此上官婉兒對崔湜仕途多有提攜，最後助其官至宰相。史家又看不下去了，《新唐書》、《舊唐書》均有譴責，用筆亦重，或「通」或「亂」。於是上官婉兒這段情事，也和武三思那一段一樣，很榮幸地載入了史冊。

崔湜的人生格言為「丈夫當先據要路以制人，豈能默默受制於人」，大丈夫行事，就是要占據要津以此挾制，讓他人無路可走，所以他把五王的活路堵死了。只有死人才絕對沒有翻身的機會。《資治通鑑》載，崔湜向武三思建議：「暉等異日北歸，終為後患，不如遣使矯制殺之。」武三思細一思量，這話確有道理。於是神龍二年（七〇六）七月，武三思爪牙周利貞「奉使嶺外」，從京都至嶺南，千里追殺。其時，張柬之、崔玄暐因扛不住邊地苦寒，已經去世，周利貞「奉命」殺害了其餘三人，手段極殘忍。

至此，從權傾朝野的神龍功臣，到死無全屍的刀下鬼，僅僅一年多，五王去過天堂，最後墮落地獄。據《資治通鑑》載，神龍政變後，同僚楊元琰曾勸諸王「功成名遂，不退將危」，而諸王聽後，「瞿然不悅」。古代政治，功高蓋主是大忌。蓋了也就蓋了吧，有時候皇帝就是爛泥扶不上牆，你不得不使勁撐他一把，但事後不懂急流勇退、韜光養晦這些政治智慧的，往往又是「鳥盡弓藏，兔死狗烹」的犧牲品。

製作詔書，不論是真還是弄假成真，中宗政壇只有一位一等一的高手——上官婉兒。因之，矯制殺五王事件，雖從現有史料看，只有武三思、崔湜兩人明確參與，但在背地裡，一定需要上官婉兒的配合、運作。流程大約為：婉兒以中宗名義制詔，殺手帶著這份偽造詔書趕往嶺外，還活著的三個人當然會質疑，那就宣讀詔書吧，白紙黑字清清楚楚，然後堂而皇之幹掉他們。

「矯制」就是偽造，就是背著皇帝來，就是說中宗不知道這事。又一次，中宗陣營的人私底下忙得熱火朝天，中宗卻矇在鼓裡。像話嗎?身為一個皇帝，這也不知道，那也不知道。也許，歷史上中宗以無能著稱，就是這麼來的。史家寧願相信他無能，什麼也沒做，底下的人又都背著他做這一切，也不想認為他是殺神龍功臣的幕後黑手。

畢竟，若詔書不是「矯制」，乃中宗親自下詔或者默許，某種程度，殺五王就有了合法性，一如當年，五王護送太子李顯到武則天寢宮，就是為了使政變擁有合法性。而若中宗賦予殺神龍功臣以合法性，也就順道質疑了神龍政變的合法性，那也意味著承認神龍政變其實是造反……這個鍋，誰來揹?

誰也不敢揹。

那就讓中宗在歷史上保持無能的形象吧。

不管怎樣，五王伏誅，三派勢力中最具威脅的，已清理乾淨。中宗望一望四周，相王、太平公主，均老老實實做著自己的弟弟、妹妹。既然他們懂得怎樣做弟弟妹妹，怎樣做王爺公主，那就挺好。那就是好好的一家人。

中宗陣營的核心人物，自然都成人生贏家。韋后、武三思收伏了一批從前五王的追隨者，趁機坐大。韋后還趁勢擴充了男寵陣營，散騎常侍馬秦客、光祿少卿楊均皆被收入闈中。中宗下詔：「武氏三代諱，奏事者皆不得犯。」奏事者不可犯武家三代以下名諱。中宗給予武家最高規格的皇族待遇。崔湜，被拔擢為中書舍人，其後不久，在上官婉兒的一路護送下，官拜宰相。

至於上官婉兒，在京城長安的最繁華地，中宗夫婦賞賜她一套私宅。

春還上林苑，花滿洛陽城。鴛衾夜凝思，龍鏡曉含情。憶夢殘燈落，離魂暗馬驚。可憐朝與暮，樓上獨盈盈。

——崔湜〈酬杜麟臺春思〉

此詩承初唐宮體「豔詩」遺風，摹寫春暖花開時女子的相思之情。擁衾凝思，對鏡含情，夢迴纏綿而殘燈將滅，思念驚醒，卻更令人輾轉難捨。暮暮朝朝，可憐這大好春光，樓上閨閣中人，只能與寂寞為伴。

當崔湜下班回家，騎馬過天津橋，隨口吟誦這首詩時，不知是否會想起長安的上官婉兒。

也許，婉兒遠遠立在這首詩的背景裡。

情人與盟友

崔湜為上官婉兒有史可查的第二位情人。對於這段情事，史書記載如下：

《舊唐書．上官昭容傳》載：「婉兒又通於吏部侍郎崔湜，引知政事。湜嘗充使開商山新路，功未半而中宗崩，婉兒草遺制，曲敘其功而加褒賞。」

《新唐書．上官昭容傳》載：「與崔湜亂，遂引知政事。湜開商山道，未半，因帝遺制，虛列其功，加甄賞。」

《舊唐書．崔湜傳》載：「時昭容上官氏屢出外宅，湜託附之，由是中宗遇湜甚厚，俄拜吏部侍郎，尋轉中書侍郎、同中書門下平章事。」

三則記載一致的方向是，在上官婉兒和崔湜的情人關係中，崔湜是明顯的受益方。中宗活著時，上官婉兒為崔湜爭取仕途升遷，甚至中宗殯天後，也要假造詔書，為其謀利。因之，野史傳說中，有人認為崔湜是上官婉兒的「真愛」。

與崔湜交往時，上官婉兒已經四十多歲，正如俗言所道，豆腐渣年紀。而崔湜，三十出頭，於男人來說，一枝花的年紀，又少年得志，負大才，連正史都不惜筆墨讚他「美姿儀」，可見一定姿容非常，不輸潘安。因之，在坊間傳聞的這段姐弟情人關係裡，上官婉兒被塑造成這樣一個女人：事業有成，情感空虛，為籠絡住這個好不容易到手的比自己小的情人，操碎了心，不斷委曲求全，不斷在上司面前推薦，還利用職能之便，偽造官方文件為情人謀利……這麼發展下去，我們彷彿會看見一個新聞女主角：為情人私吞公款，鋃鐺入獄，最後在鏡頭前懺悔。

芸芸眾生，漫漫紅塵。事業有成而感情失落的男人女人們，從來都有許多許多。但上官婉兒，古往今來，浩浩歷史中只有一個。既不是尋常女人，過的不是尋常的人生，亦不能以尋常的眼光去看待。

崔湜對上官婉兒而言，首先是盟友，其次才是情人。或也不妨揣測，情人關係是對盟友關係的一種加持。既是盟友，便一定是互惠的，而不是傳聞中上官婉兒一味地低姿態。

自武三思被韋后收進闈中，上官婉兒與他原有的關係，事實上已不能維持。一個是同事，一個是老闆娘，孰輕孰重，武三思自會掂量。再，武三思的身分、地位與以往已有不同，他從前朝舊人，變成當朝宰相，又借中宗整垮五王之機，招攬黨羽，乘勢壯大，《資治通鑑》載，「三思令百官復修則天之政，不附武氏者斥之，為五王所逐者復之，大權盡歸三思矣」。連他姑姑當皇帝時，他都沒有這麼風光過。此時，武三思野心空前膨脹，與皇后纏裹日緊，漸有孤立中宗的態勢。

局勢進一步明朗時，許多東西都只是在暗中發酵，尚難辨清，但上官婉兒確定的是，她需要一個盟友。她或許需要一個新的情人，可更需要一個盟友，一個「自己的人」。「時昭容上官氏屢出外宅，湜託附之，由是中宗遇湜甚厚，俄拜吏部侍郎，尋轉中書侍郎、同中書門下平章事。」此段話的意思很明顯，崔湜歸上官婉兒，中宗因而待之與別人不同，進而崔湜一路青雲，直至宰相。

為什麼上官婉兒要借中宗之力，將崔湜推上宰相位置？若只是情人關係，隨便給點甜頭就行，不一定非得是宰相嘛。宰相乃百官之首，相權有多重要，遠的不說，中宗智囊團初建，為對抗五王，中宗緊急封武三思為宰相，而中宗整垮五王的第一步，便是奪其相權。上官婉兒需要藉助崔湜手中的相權，來達成自己的意願。這也是她政治生涯中始終存在的困境，她沒有實權，不被外廷官員系統承認，她只得藉助男性官員手中的權力，來完成政治行為。

坊間又有一種說法，說崔湜是軟飯大王，是上官婉兒的男寵。這個說法更是想當然，大錯特錯。普天之下，只有女皇武則天才養得起男寵。不計較男寵出身，不計較其是否有政治身分、政治才能，長得好看就行，跟皇帝選妃一樣。女皇可以把在洛陽市井賣草藥為生的馮小寶，變成薛懷義，也可以為張氏兄弟建一座奉宸府來逗樂子。女皇手握皇權，不需要這些傢伙來加持。他們美美地待著就行。

但不管上官婉兒，還是太平公主，都不能這麼任性。上官婉兒被殺後，崔湜轉戰太平公主麾下，鞍前馬後為其效力。上得朝堂，進得閨房。

英雄、梟雄、流氓、混混、美男子，都能有用武之地，說起來，真真是一個好時代。

第十一章　依附與抉擇：臣子的生存術

憑高瞰險足怡心，菌閣桃園不暇尋。餘雪依林成玉樹，殘霙點岫即瑤岑。

——〈流杯池〉之十一

霙，雪花。瑤，美玉。岑，小而高的山。憑高臨險，鳥瞰四方，眼前景如世外桃源，城外樹木身披餘雪，如玉如緞，遠處千山殘霙點點，如開霽色。

長安城距終南，五十里而已，一如詩云：「唯有終南山色在，晴明依舊滿長安。」史載，長寧公主府位於長安崇仁坊，府邸名勝冠絕長安，當是遙看終南的絕佳處。此詩為遠眺者眼中所見，目光由近而遠，首句云登高，次句「菌閣桃園」為公主府邸景，第三句為長安城外荒林景，末句「殘霙點岫」當為終南山景。

至今天氣晴好時，於西安城內某處高樓，依然可見天際處，裊裊輕靄中，秦嶺山巔的點點雪痕。千餘年前的風晴日麗，自是更能見終南壯偉、依依雪跡。

終南望雪名句，又有「林表明霽色，城中增暮寒」。謂終南樹木本蒼鬱森秀，經斜陽晚照，竟鍍上一抹暖色，然，這暖的錯覺，只會徒增日暮時城中寒意。

上官府邸位於長安群賢坊。暮色長安，信步而來，不知婉兒是否也曾有過如此感觸？

上官府的日常

站在二十一世紀，遙想一千三百多年前唐帝國京都長安的模樣，是一件頂困難的事。想來也只能在史料的基礎上，約略勾勒其輪廓。

史載，高宗為太子時，唐朝經濟仍是拮据的，太子府宰殺一頭羊，刀上沾了些許羊油，太子都不捨丟棄，命僕從將羊油仔細刮下。但到高宗和武后並稱天皇天后的時期，經濟已大有發展，時謂「是時頻歲豐稔，米斗至五錢，豆麥不列於市」。再到神龍政變前夕，唐朝的糧食儲備已經非常充裕，考古發現多達七萬多噸，正如一位官員在給武則天的上書中所道：「神都帑藏儲粟，積年充實。」

因此，經太宗、高宗、武則天三代的統治，八世紀初唐帝國已經物阜民豐，國富人安，可謂初具盛唐氣象。當時的西京長安，是人口達至百萬的大城市，為東亞文明的中心。市內商賈雲集，店鋪鱗次櫛比，其中最大的商業區為東市和西市，從《長安志》相關記載中可看出其繁華，如東市，「街市內貨財二百二十行，四面立邸，四方珍奇，皆所積集」。西市又比東市更繁榮一些。此地西域胡商聚集，做的都是國際貿易這等大生意，市內又多金銀珠寶店和作坊，是購買珠寶、名貴藥材的首選地。附近的酒店和旅館，也呈一片昌隆景象，《長安志》載，「選入京城無第宅者多停憩此。因是一街輻輳，遂傾兩市，晝夜喧呼，燈火不絕，京中諸坊莫與之比」。

上官婉兒的宅邸位於群賢坊，距西市不遠。這一坊內，除了上官家府邸，還有如張掖郡石崇俊之宅邸，瀚海都督、右領軍衛大將軍回紇瓊之私第，等等。可見，此地當真是勛貴雲集，又乃大唐最繁華、最具異域風情的鬧市區。

囿於宮廷多年，上官婉兒終於贏得特權，從後宮到市井，可自由往來。政務繁忙之餘，想來她會悠悠漫遊於都市，享受世俗的煙火氣，人間的熱鬧。與宮裡的風聲鶴唳相比，都市生活無疑就像世外桃源了。

不過，世外桃源貴在與世無爭，上官府邸到底是難享這份清福了。身為「上官體」傳人、詩壇領袖，天下文士一定趨之若鶩，想要拜訪傳說中的上官昭容。而身為皇帝身邊的大紅人，上官府邸也必是京中達官顯貴的簽到處。究竟紅到什麼程度呢？歷經武周朝女官組織的學徒、助理，再躍為女皇的首席祕書，三十多年過去，中宗一朝，上官婉兒獨掌內廷、外朝的政令文告。

這裡，很有必要羅列唐一代歷任負責制詔工作的外廷官員名單，《舊唐書．職官志》有載：武德、貞觀時，有溫大雅、魏徵、李百藥、岑文本、褚遂良；永徽後，有許敬宗、上官儀，皆召入禁中驅使，未有名目；乾封中，劉懿之、劉禕之、周思茂、元萬頃、范履冰，皆以文詞召入待詔，常於北門候進止，時號「北門學士」；天后時，蘇味道、韋承慶，皆待詔禁中；中宗時，上官昭容「獨當書詔之任」。

請仔細閱讀這份長長的名單。這些人都是一代名士、名流，詩才政才兼備，曾經是當朝重臣，現如今也在維基百科占有一席之地。其中還有幾位我們的老熟人，如魏徵、許敬宗、上官儀等。

歷屆制詔工作，皆為合作性質，唯中宗朝，上官婉兒以一己之力，「獨當書詔之任」，批覆四方奏摺，草擬朝廷政令。

能以「上官昭容」這一妃嬪身分進入《舊唐書．職官志》，有唐一代，甚至整個古代職官史，怕也找不出第二個人，由此可想上官府邸在京都長安的盛名。

《舊唐書．中宗韋庶人傳》載：「上官氏及宮人貴幸者，皆立外宅，出入不節，朝官邪佞者候之，恣為狎遊，祈其賞秩，以至要官。」《新唐書．上官昭容傳》亦載：「婉兒與近嬖至皆營外宅，邪人穢夫爭候門下，肆狎暱，因以求劇職要官。」

想必我們都已經非常熟悉史家的筆調，一提上官婉兒就咬牙切齒的樣子，措辭也都是「朝官邪佞者」、「邪人穢夫」、「狎暱」這等洋溢著主觀情緒的詞。忽略就好。從這些飽含偏見的敘述中，依然能捕捉到上官府邸的沙龍盛況，那必是：千里逢迎，高朋滿座。

據載，經常出入上官府邸的詩人有崔湜、蘇味道、李嶠、崔日用、張說等這些文壇大師，這幾乎囊括了所有初唐著名詩人。不久之後，上官婉兒將奉聖旨，掌管有唐一代久負盛名的文藝機構——修文館，領銜規制館內機構、制度。這些聚集於上官府邸的重量級人物詩人們，都將是上官婉兒麾下幹將，參與修文館的改建，為迎接盛唐文學的到來，貢獻力量。

其時，當初因媚附張氏兄弟而遭貶竄蠻荒的詩人們，如杜審言、宋之問、沈佺期等，相繼遇赦北歸，再次為朝堂效力，成為上官府邸的座上賓，也是後來修文館的成員。

嶺外音書斷，經冬復歷春。近鄉情更怯，不敢問來人。

——宋之問〈渡漢江〉

神龍二年（七〇六）夏，宋之問奉旨北歸。貶居嶺外，與家人、故鄉音信阻絕，經冬又歷春。一朝承恩澤，萬里別荒，踏上歸途，然，越近故鄉，心情越激動。久別重逢，本應喜樂，又因久別，怕重逢。故鄉故人，都可安好？

有人經歷磨難，仍有故鄉可回，有故人守望。有人早已沒了故鄉。楚霸王項羽曾云，富貴不歸故鄉，如衣錦夜行。上官昭容如今縱然榮耀傍身，名滿京都，也沒故鄉可回了。史料顯示，婉兒的親人除了母親，便只有一位表弟，王昱。婉兒引王昱入朝為官，拜左拾遺。

上官府邸，華筵結束，燈火闌珊處，母親想必也會與女兒話家常，說從前，感慨幾許。上官婉兒的母親，已不是從前的鄭氏。母以女貴，鄭氏被中宗封為沛國夫人。沛國夫人的交際圈中，都是安樂公主、長寧公主、韋后以及其他皇室貴婦們。當年在掖庭宮，那些為邊關將士趕製棉衣的深秋夜，枯索油燈下，悽清砧杵聲中，因過度疲乏睡過去，千迴百轉的夢境裡，鄭氏是否曾遇見過晚年的自己？若家族平安，她仍是上官夫人，永遠是上官夫人。她的夢境應從未到此：作為沛國夫人的晚年生活。

沛國夫人的沙龍裡，那些以子貴、以夫貴、以父貴的閒閒貴婦們，都會有些什麼消遣呢？不難揣測，貴婦通常的消遣，如美妝、養生、美男子，想來她們都是有的，但也會做些普通貴婦做不了的壞事，如賣官職賺錢，時謂「斜封官」，意即不經過中書省和門下省的銓選，由皇帝直接墨敕任命。無疑，安樂公主賺得最多，鑽進皇帝爸爸的懷裡撒個嬌，就能賣個官出去，輕鬆賺個幾十萬，世謂「侯王柄臣多出其門」。

皇太女風波

安樂公主，小名裹兒，中宗的心肝，生於光宅元年（六八四）中宗夫婦貶往房州的途中。孩子落地時，連一塊完整的襁褓都沒有，李顯只好從自己袍子上撕下一塊布將孩子裹起來，「裹兒」之名由此而來。流放房陵的十餘年中，李顯時刻憂懼母親派人前來刺殺，每每寢食難安。妻子和女兒是這悽悽慘慘的流放生活中唯一的溫暖與安慰。因之，回長安後，李顯對妻女百般溺愛和驕縱，這就養成了李裹兒傲慢任性、蠻橫霸道的脾氣。

歷史上的安樂公主以跋扈聞名，史謂「恃寵驕恣」。奠定安樂公主史詩級任性形象的，主要有三件大事。

其一，「百鳥羽毛裙」事件。安樂公主擁有兩件百鳥裙，為曠世珍品。百鳥裙是由負責備辦宮中衣物的機構尚方製作的，將黃金做成片，然後捻成線，再把各種珍貴飛禽的羽毛也捻成線，二者兩相結合，共同織成光彩美麗的衣服。《資治通鑑》載，裙子「花卉鳥獸，皆如粟粒，正視旁視，日中影中，各為一色」，每條值錢一億。其時正三品京官每月俸祿約八千文，一條裙子，得須他們為皇帝打工一千年。

其二，昆明池事件。昆明池，位於長安西南，方圓四十里，乃漢武帝為訓練水軍開鑿的人工湖，依唐律，不允挪為私用。安樂公主看上這座湖，向父皇討賞。畏於臣屬反對，中宗不敢答應。一氣之下，安樂公主大發民夫，奪百姓田地，耗費龐然，「造池四十九里，直抵南山，擬昆明池」（《太平廣記》）。該池取名「定昆」，誓要在氣勢上壓昆明池一頭。

其三，皇太女事件。《舊唐書・韋庶人傳》載，安樂公主「恃寵驕恣，賣官鬻獄，勢傾朝廷，常自草制敕，掩其文而請帝書焉，帝笑而從之，竟不省視」。私制詔書，並不讓皇帝看內容，撒個嬌，賣個萌，中宗便乖乖簽字、通過。那些一個能賺幾十萬錢的官職大約便是這樣賣出去的。又，安樂公主「請自立為皇太女，帝雖不從，亦不加譴」，安樂公主由此也成為史上唯一一個「請自立為皇太女」的公主。

濫用民脂民膏也好，賣官鬻爵也好，不管安樂公主怎樣驕縱跋扈，「請自立為皇太女」取代太子的行為，在任何有政治嗅覺的人看來，都不會僅僅是安樂公主的任性而為。

《資治通鑑》載：「皇后以太子重俊非其所生，惡之；特進、德靜王武三思尤忌太子。上官婕妤以三思故，每下制敕，推崇武氏。安樂公主與駙馬左衛將軍武崇訓常凌侮太子，或呼為奴。崇訓又教公主言於上，請廢太子，立己為皇太女。」意即韋后不待見李重俊上位，武三思則恐將來李家後人登基，武家地位不保，於是韋武聯合，策劃皇太女事件。

皇太女事件，韋武黨最後雖未如願，然，面對此事中宗猶疑不決，竟親自招宰相魏元忠商議此事，這讓各派勢力看到了其中的玄機。

新晉太子李重俊嗅出了危險。這一次安樂公主沒有成功，下一次呢，難保寵女狂魔能掙脫寶貝疙瘩的糾纏，不定哪個時候就真的入魔，不管不顧地簽字同意了。自己的儲君之位，搖搖欲墜。

李重俊，中宗第三子，為品級低下的妃嬪所生，因此在後宮頗不受待見。出身為庶子，母親身分低微，太子之位原本也不關他什麼事。只是韋后唯一的親生兒子也是中宗長子李重潤，已經在長安年間因為背地裡嚼二張兄弟的舌根，被其祖母武則天給逼死了。李重潤等人私下裡的談話被舉報到武則天那裡，韋后認為這是二皇子李重福告密的，因而，中宗復位之後，韋后就要求中宗把李重福貶到外地。這樣一來，李重潤死了，李重福被貶，皇太子的寶座自然就落到了李重俊頭上。

但是，現在，這寶座怕是不保了。

在韋后母女，既然不能順利上位，曲線也成。《舊唐書．韋庶人傳》載，韋后「方優寵親屬，內外封拜，遍列清要。又欲寵樹安樂公主，乃制公主開府，置官署」。當年武則天為培植外戚，把嶺外親戚紛紛接回長安，封王襲爵，韋后效仿女皇，也將自己的親戚們挨個封一遍。又進言中宗，允安樂公主開府。唐一代，有開府特權的，前有平陽公主，因為實打實的軍功，後有太平公主，擁立中宗復位的功勞也是實實在在的，現在有安樂公主，原因簡單粗暴：太平能開府，安樂自然也能。

其時，韋武黨已將一批朝堂重臣收為羽翼，包括兵部尚書宗楚客、將作大匠宗晉卿、太府卿紀處訥、鴻臚寺卿甘元柬、御史中丞周利貞、侍御史冉祖雍、太僕丞李悛、光祿丞宋之遜、監察御史姚紹之，等等，李唐江山又有半壁聽任異姓擺布。又，武三思進一步施加壓力，中宗不得不同意「制武氏崇恩廟依舊享祭」，「改中興寺、觀為龍興，內外不得言『中興』」。

中宗復位之初，李唐的忠實粉絲均翹首以待，時謂「中興」。如今神龍政變過去一年多，神龍功臣曝屍蠻荒，韋武一黨把持朝權，成為最大贏家。而中宗，前有悍妻、驕女各種威逼利誘，後有武家勢力虎視眈眈，折騰了這麼久，仍然只享有封官、簽字的權力。「中興」淪為空談。

皇太女事件，嗅到危機的不僅是太子李重俊，李唐皇室也從這一挑釁行為中，看到了韋武黨最新的政治動向。整垮五王，亦為中宗陣營敲山震虎之舉，果有實效，相王、太平安分做著王爺、公主，沒有異動。然，虎依然是虎，虎的實力猶存。韋武黨要繼續壯大，就必須拔掉虎牙。

於是，神龍二年（七〇六）這一年，中宗宮廷表面並無大事。中宗依舊是個沒心沒肺的享樂派，微服簡從，去宮外逛了幾圈，愛上了市井的熱鬧，便屢次在宮裡模仿市集，擺攤設點。韋后依然風流浪漫，新晉「閨蜜」散騎常侍馬秦客、光祿少卿楊均，經常出入宮掖，前者懂醫，通各種房中養生術，後者善烹飪，擅製各種催情美食，韋后提前過上了女皇式豐富的私生活。上官府邸、太平公主府邸依然夜夜笙歌、高朋滿座，天下有才之士聚集於兩府，縱談天下，把酒賦詩。

韋武黨的靠山

韋武黨和李唐皇室的決裂已在暗中完成。前有中宗夫婦與武三思聯姻，結成盟友，現在，相王李旦的兩個女兒，也嫁給了太平公主的死黨，一個是太平公主前夫薛紹的堂弟，一個是太平公主的忠實追隨者薛伯陽。再，《舊唐書》載，「（太平）公主日益豪橫，進達朝士，多至大官，詞人後進造其門者，或有貧窘，則遺之金帛，士亦翕然稱之」。從來都不缺錢的太平公主，此時更是廣散銀財，招賢納士，集結精銳。

再看上官婉兒此時的立場。〈大唐故婕妤上官氏墓誌〉有載：「以韋氏侮弄國權，搖動皇極。賊臣遞構，欲立愛女為儲，愛女潛謀，欲以賊臣為黨。昭容泣血極諫，扣心竭誠，乞降綸言，將除蔓草。」就是說上官婉兒拚死反對韋武黨弄權，為阻止皇太女事件繼續發酵，婉兒泣血極諫。採取的方式有：先「請擿伏而理，言且莫從」，再「請辭位而退，制未之許」；又「請落髮而出，卒為挫衄」；當所有方法都試過，「賊臣」依舊安好，最後婉兒「請飲鴆而死，幾至顛墜」。

學者一致認為，墓誌所載，乃虛美之辭。從來逝者為大，總要不遺餘力粉飾一番的。墓誌為李唐宗室遺人撰刻，當然會將上官昭容塑造成李唐王朝忠誠的追隨者，但這竄改著實也夠誇張的，完全將上官婉兒改造成了一個政治上的瑪麗蘇(同時也將中宗狠狠地黑了一次)。若婉兒真是會這麼做的人，在宮廷戲裡，她怕是活不過一集的。

以上官婉兒的政治素養，在當時處境中，她根本不會上書，遑論「泣血極諫」。雖同係中宗陣營，現在已不可避免地分化了，韋武黨逐日壯大，中宗又成了光桿皇帝，又那般無底線地縱容妻女，是完全扶不上牆的。上官婉兒生來只能選擇輔佐他人，此時身在其中，除了依附韋武黨，別無他途。

《資治通鑑》載，「上官婕妤以三思故，每下制敕，推崇武氏」。在韋武黨伺機扳倒李唐皇室，蠢蠢欲動時，上官婉兒依舊發揮所長，以她特有的方式，每下制敕，庇護武氏，掣肘李家。太子看在眼裡，恨在心裡。雖無更多史料支持，但後來景龍政變中，太子公開叫囂索命婉兒，從此可看出，其時上官婉兒在韋武集團中，的確舉足輕重，在多方面影響了太子府的利益，太子恨得牙癢癢。

皇牆之內，中宗複製的市集裡，宮女扮作攤販，販賣各類物品，中宗和公卿貴胄假裝顧客，於市集中來往穿梭，觀摩、張望、討價還價，好不熱鬧。皇城之上，一線長天，數千載歷史煙雲悠悠滑過，俯瞰著這大內之中，和平吉祥背後，一次又一次的宮廷喋血。皇宮北面，巍巍玄武門亦靜立於天地間，見證著大唐近百年來的風雲變幻。

王昱託姨母沛國夫人轉告上官婉兒，「上往囚房陵，武氏得志矣，卒而中興，天命所在，不可幸也。三思雖乘釁，天下知必敗，今昭容上所信，而附之，且滅族」！

風嘯松林，山雨欲來。

第十二章　玄武門的血與淚

清波洶湧，碧樹冥濛。莫怪留步，因攀桂叢。

——〈流杯池〉之十二

起句鏗鏘，「洶湧」一詞可謂來勢迅猛、凶狠，次句遞進，林間雲霧冥蒙，進一步營造一種危急氛圍。晚來風急，山雨欲來。第三句，意態又復閒婉，直至最後，偶因桂叢吸引、停駐，一幅迅且急的動態畫面，終歸於人的靜、桂叢的靜。

此詩淺淺語，初讀味淡，不過道出此類情事：林間漫遊人偶遇風雨，歸途中又被桂叢絆住。然，細加體味，又有另一種風致。

風致在沒有入詩的部分。起句「清波洶湧」，看似突兀，彷彿沒有交代緣故，實則暗示漫遊人已在林間閒蕩許久。也正因這份對山野的迷戀，一花一樹一草一木，頗熟悉又頗新奇，才會在風急雨將至的歸途，僅因桂叢，便放棄避雨的打算。也只有將未入詩部分與詩句結合賞讀，尾句才能穩穩落住。

雖只擷取一個鏡頭，也蘊含豐富，上官婉兒的山水詩，被公認為開盛唐山水之先，不是沒有緣由的，如明代文學家鍾惺所評：「非久習林園靜思高寄，不能知此況味。」

李重俊的政變

太白星，即金星，本位西方，晨現東方謂啟明，晚落西方謂長庚。但武德九年（六二六）六月，太白星沒有按常規升和落，先後在丁巳日、己未日，擅自經天，且位秦分。太白又主攻伐、變革，《漢書．天文志》謂「太白經天，天下革，民更王」，意即天下動盪，帝座易主。太史令傅奕觀此天象，嚇了幾大跳，連忙密奏高祖：「太白見秦分，秦王當有天下。」（《資治通鑑》）

所有徵象指向了一個人：李世民。

本就對秦王李世民高度戒備的高祖李淵，聽占星達人一忽悠，便坐不住了，召李世民入宮訊問。太白星擅自現身秦分，李世民也說不清為何，懵了。在父皇的逼視下，李世民為求脫身，即興編了個橋段，說宮中傳太子李建成、齊王李元吉，均與高祖後宮的嬪妃有染。這一下，高祖不是坐不住，而是暴跳如雷了，傳太子、齊王第二天入宮，當場對證。

六月初四，太子、齊王起了個大早，入宮覲見父皇，等待被問訊。

進大內皇宮太極宮，北宮門玄武門是必經之路。秦王府八百府兵隱匿周遭，另有十二名心腹部署在玄武門附近。待兄弟二人抵至玄武門，眾將士一擁而上。剎那間血濺長天，兩人死於亂刀之下。其中，太子李建成為李世民手刃。為防後患，李世民將李建成、李元吉的十個兒子全部斬殺。

政變後第三天，李世民被立為皇太子，高祖宣布：「自今軍國庶事，無大小，悉委太子處決，然後奏聞。」約兩個月後，李世民即位，成為唐王朝第二代皇帝。

逐鹿寶座的時代結束，江山收入囊中，放眼望去，普天之下皆為王土，心情自然大好。一個春光明媚的日子，唐太宗在玄武門城樓設宴，款待文武眾臣，席間乘興賦詩〈春日玄武門宴群臣〉。

韶光開令序，淑氣動芳年。駐輦華林側，高宴柏梁前。紫庭文佩滿，丹墀袞紱連。九夷簉瑤席，五狄列瓊筵。娛賓歌湛露，廣樂奏鈞天。清樽浮綠醑，雅曲韻朱弦。粵餘君萬國，還慚撫八埏。庶幾保貞固，虛己厲求賢。

韶光正好，淑氣祥瑞，駐足如此美好春光，回首過往，展望將來。四海昇平，國泰民安，萬邦來朝，無愧於天地。通篇氣魄雄偉，開創宏圖霸業的帝王風度盡顯。循例，詩末須來一個自謙的道德訓誡：即便坐擁錦繡江山，仍當謙虛謹慎，戒驕戒躁。

不做個好皇帝，就對不起被自己弄死的倆兄弟。太宗對內虛心納諫，勸課農桑，對外開疆拓土，東攻西征，開創了貞觀之治，一代明君的形象流傳青史。然，不論怎樣的輝煌，都無法抹去手足相殘的事實。太宗似一生都未走出玄武門的陰影，晚年尤甚。放棄鋒芒畢露的魏王李泰，立性格仁順的李治為太子，亦希望憑一己之力，保住宗室安寧。

僅僅八十年後，血脈親人喋血玄武門的悲劇，再次上演。景龍元年（七〇七）七月，太子李重俊發動兵變。目標：清君側。

行動兵分兩路。一路由李重俊和左羽林大將軍李多祚率領，負責誅殺既定目標人物。另一路由左金吾大將軍李千里率領，負責攻占皇宮各道城門，協助太子主力。

頭號目標：武三思父子。

七月初六深夜，李重俊率三百羽林兵，直撲長安城南武三思府邸。此時正值宵禁，整個京城車馬匿跡，人影罕至，顯得異常空曠、靜寂。太子軍隊在街上策馬馳騁，如入無人之境，頃刻便抵武三思煊赫的宅府。

刀起頭落。武三思剛被府裡突然暴起的喧鬧吵醒，便身首分離，至死都未來得及看清復仇者的面目。

武三思的人生就此謝幕。

一生三度拜倒在女人石榴裙下，從武則天、上官婉兒到韋后，依傍她們的權勢，賣身求榮，步步心機，直至權傾朝野。曾險為刀俎下魚肉，倏忽又鹹魚翻身，成為中宗朝最大的贏家。複製武周王朝，似近在咫尺了。然，機關算盡，卻又陰溝裡翻船。七〇七年這個盛夏之夜，毫無徵兆地，被自己半隻眼都瞧不上的這個太子刺殺。與他「大氣磅礴」的一生相比，這個結尾實在是太小眾。

人生如戲。武三思用生命詮釋了這句話。

二號目標：上官婉兒。

眾兵士在武三思府邸亂砍一通，包括安樂公主丈夫武崇訓在內，十餘人中刀身亡。李重俊再領兵調轉馬頭，撲向城北皇宮。此時，皇宮各城門已由左金吾大將軍李千里率軍占領。叛黨順利入皇城。眾士兵擎戈持戟，鬨然叫囂。宮內早亂成一團，中宗夫婦已然驚醒。

李重俊「至肅章門，扣閤索婉兒」（《舊唐書》）。

中宗一生的悲劇在於，他總是與強者為伍，前有武則天，後有太平公主、上官婉兒、武三思、韋后，甚至跋扈的安樂公主，甚至現在這個囂張的兒子，不管是能力還是性情，反正別人總有一頭能壓制他。活著不易啊，中宗由此磨礪出一個生存技能：順從。他發現只要受制於這些愛折騰的人，自己便能從中謀利。

當初順從母后，本分地在房州困了十六年，最後意外地當了太子；再順從神龍政變策劃者們，大家保他做了皇帝；再順從武三思等，人家幫他解決了五王；再順從韋后、安樂，不管娘倆如何弄權，好歹沒讓他這個丈夫、父親下臺。直至現在，依靠這個技能，中宗把人生悲劇變成了輕喜劇，只要他啥都同意，他依然能做個逍遙皇帝。

李重俊「扣閤索婉兒」，說他只取上官婉兒性命，不關皇帝的事。中宗點頭，同意。

生死一線，一念之間。

畢竟人家是父子，是一家人，自己只是下屬，親疏自現。婉兒明白，若想自救，只有將這把火引向眾人，特別是皇帝。婉兒大言曰：「觀其此意，即當次索皇后以及大家。」

（《舊唐書》）羽林軍殺進皇城，那可是掉腦袋、抄家沒族的重罪，竟然只為了誅殺區區一個上官婉兒嗎？當然是要造反、逼宮的，皇帝、皇后一個都跑不掉。

中宗一想，此話很有道理呀。自己真的跑不掉的。神龍政變不是打著清君側的旗號，把女皇變成了太上皇嗎？中宗不想當太上皇。

這一次，中宗順從了上官婉兒的建議，「帝與后遂激怒，並將婉兒登玄武門樓以避兵鋒」（《舊唐書》）。眾人登上玄武門城樓，然後，緊急召喚禁軍前來護駕，同時命將軍劉仁景等率留軍飛騎及百餘人於樓下列守。由此，皇帝身邊將士與羽林軍，在玄武門形成對峙。

接下來該怎麼辦？李重俊一時間懵了，找不到臺詞。他的策劃中可沒設計與皇帝老爸對峙這一環節。太子還是個心思單純的孩子，他率軍攻進皇城，想來真的只為清君側，只為清除武三思、上官婉兒這些人，不然不會勞心費力從城南跑到城北，白白錯失第一時間控制皇宮的良機。

史載，李重俊是中宗與普通宮女所生，非嫡非長，母親又身分卑賤，無甚見識，宮闈內外都無人脈，李重俊自小在宮中便不受重視，也就隨便養養。《新唐書》稱其「性明果，然少法度」，性格果決，但不學無術，胸無點墨，平素也就是個鬥雞走狗的公子哥。這樣的大場面，他該是生平第一回見。想來他也是第一回發現自己居然能搞出這麼大的事，不知如何收場了。

太子懵掉，眾將士是戰是降？羽林軍已然軍心不穩。其時，中宗身邊的宦官楊思勖，趁眾人不備，縱馬殺進羽林軍，以風馳電掣之速，將前鋒斬落馬下。中宗再在城樓喊話：「汝並是我爪牙，何故作逆？若能歸順，斬多祚等，與汝富貴。」

軍心渙散，一潰千里。

太子黨羽悉數伏誅，混戰之中，李重俊好不容易逃出皇宮，亡命終南，又被左右襲殺，提著他的人頭去朝廷領賞了。即使兒子已死，中宗也難解心頭之恨，他老人家「制令梟首於朝，又獻之於太廟，並以祭三思、崇訓屍柩」，以兒子人頭祭祀武三思父子。

武三思即使挖空了他的牆腳，但到目前為止，只要順從武三思，他還可以繼續做個享樂皇帝。而若李重俊兵變成功，眨眼間他就只能做太上皇。太上皇的待遇，看過高祖、武則天就知道，比軟禁好不了多少。中宗非常生氣。

最後，李重俊人頭懸於城樓示眾，無人敢為其收屍。在自己父親的天下，太子李重俊成了孤魂野鬼，只有等到他伯父李旦坐上皇位，他的魂靈才能得到安息。睿宗李旦追念姪子李重俊，賜謚號節愍，史稱節愍太子。愍，同「憫」。

這是第二次，李唐王室在玄武門上演血親相殘的悲劇。

忠心懷帝室

漢家婕妤唐昭容，工詩能賦千載同。自言才藝是天真，不服丈夫勝婦人。歌闌舞罷閒無事，縱恣優遊弄文字。玉樓寶架中天居，緘奇祕異萬卷餘。水精編帙綠鈿軸，雲母搗紙黃金書。風吹花露清旭時，綺窗高掛紅綃帷。香囊盛煙繡結絡，翠羽拂案青琉璃。吟披嘯卷終無已，皎皎淵機破研理。詞縈彩翰紫鸞回，思耿寥天碧雲起。碧雲起，心悠哉，境深轉苦坐自摧。金梯珠履聲一斷，瑤階日夜生青苔。青苔祕空關，曾比群玉山。神仙杳何許？遺逸滿人間。君不見洛陽南市賣書肆，有人買得《研神記》。紙上香多蠹不成，昭容題處猶分明，令人惆悵難為情。

——〈上官昭容書樓歌〉

唐貞元十四年（七九八），詩人呂溫的好友崔仁亮，於洛陽南書肆，購得一本《研神記》。書保存良好，書章暗香盈盈，顯是為防蟲蛀，曾特意拿香料燻過。詩人偶然於書縫處發現婉兒簽名，原來此書主人乃上官昭容，由是心生感慨，賦詩〈上官昭容書樓歌〉。

此時距婉兒亡歿不過八十餘年，人間一定流傳著許多上官昭容的故事，因之，呂溫在詩裡描摹的上官昭容書樓，想來是有一定根據的。

首先看藏書樓的壯偉：「玉樓寶架中天居」；再看藏書之多：「縅奇祕異萬卷餘」，有很多舉世罕見的珍本，「水精編帙綠鈿軸，雲母搗紙黃金書」，亦有《研神記》這樣流行的志怪小說；又看書樓內布置：「風吹花露清旭時，綺窗高掛紅綃帷。香囊盛煙繡結絡，翠羽拂案青琉璃。」真的是相當豪華的藏書樓了。

想像婉兒在這座藏書樓裡悠遊，像隱士行於山川，像農夫踏在自家地壟，這裡拍拍，那裡摸摸，檢視自己視如珍寶的藏書，又或僅僅是聆聽自己腳步在高大屋宇下，疏曠、清脆的回聲，都該是一種享受。當年掖庭宮中，對詩歌如飢似渴，又苦無處索書，那些空落迷茫的夜，婉兒若在夢裡遇到未來的自己，想來當是成為這樣一幢豪華書樓的樓主。

如今，偌大皇城，錦繡無端，又暗濤滾滾，唯這藏書樓裡，疏闊、自在。工作結束，又無酒會應酬，婉兒當會隱於此樓，煮茶覽卷，嘯詠長夜，一如詩所云：吟披嘯卷終無已，皎皎淵機破研理。

只是大內亂局，波譎雲詭，又瞬間萬變，一幢藏書樓，終究是掩不住的。那個盛夏之夜，太子兵變，婉兒身在何處？也許就在書樓裡，神遊書海，披今閱古，直至刀劍銳鳴猛地刺入冥想，戳穿天地月色中藏書樓的清寧。

眾兵士披甲佩刀，來勢洶湧，公然索命。

太子李重俊「扣閣索婉兒」。只要交出上官昭容，大家皆可安好。

中宗點頭，同意……

七月初六，漫漫長夜已過。地上血跡，已清洗乾淨，像什麼都不曾發生。中宗依然沒心沒肺，韋后閨中仍舊春色撩人，安樂公主還未品嘗喪夫之痛，又新添喜，她將與丈夫的堂弟武延秀成婚。宮中燈火徹夜輝煌，宮人們正在熱熱鬧鬧地籌備。任性的公主要一個盛大的婚禮。宮中禁軍被拉來充當婚禮儀仗，叔父相王李旦親做婚禮司儀，甚而太平公主也不得不有所表示，攜夫君起舞，為婚典助興。

整個宮廷在狂歡。不久前的喋血玄武門，父子相殘，似已被拋在腦後。地上血跡已乾，空氣中的血腥味被華貴的香料遮掩。空蕩蕩的太子府，如詛咒一般，立於暗夜，無人敢靠近。太子李重俊流浪的魂靈，是否回過此地？

敵人迎面而來時，上官婉兒別無選擇，只有奮力迎擊。與婉兒的政治經驗比，李重俊顯然太過稚嫩。只需輕輕一句話，便可將其擊斃。她利用了太子的天真，但無可奈何，政治就是戰場。

但是，失誤在哪裡？自己在何處出錯了？從十三歲進宮，宮廷政治中沉浮三十多年，這是最為凶險的一次。即使當年忤逆女皇，險些賜死，也不及這一回，就差那麼一點，便喪於亂刀之下。

長安盛夏夜，城外田壟間，蛙鳴、蟲鳴次第交織，時而明朗，時而沉潛。浩漠蒼穹下，火燭游移，遠去，火光漸次暗淡，直至被夜色吞沒。城裡人家，犬吠間或迸發，更增添夜的空蕩和幽寂。長安宵禁，一如既往，街道人跡杳然，唯禁吾衛巡夜，馬蹄嗒嗒，嗒嗒，從夜的深處傳來，又遁去，像時光的嘆息，凝結，忘卻……

政變士兵公開叫囂，「扣閣索婉兒」，不論如何，上官婉兒似難辭其咎。此次事件後，上官昭容降職婕妤，學者由此揣測，此次降職「成全了她退出權力中心以觀望時局變化，再做政治抉擇的想法」。李重俊政變給上官婉兒以極大的震撼，痛定思痛，她開始思索下一步該怎麼辦。簡言之，是否再繼續與韋后一黨合作，上官婉兒已在心中存疑。

《唐會要》卷十八載，上官婉兒表弟王昱曾對鄭夫人說：「今有天命，以能興天之所興，不可二也。而武三思有異志，天下知之，必不能成。昭容為上所信，而附會三思，誠破家之徵。願姨思之。」王昱請鄭夫人向婉兒轉達自己的意見，婉兒當時只是一笑了之，覺得這個弟弟是杞人憂天。她是皇帝皇后面前的紅人，有什麼危險呢？

可是，這一次政變，自己差一點就死在亂刀之下啊。

上官婉兒又一次站在抉擇的路口。一夜，又一夜，上官婉兒蟄伏於書樓，凝望這長安夜色、皇城風雲，審視自己的政治生涯。回顧來路，清點過失，計劃下一步，該何去何從。藏書樓內，書茶詩酒，看似自成天地，然，人間煙雨，功名宦海，升有時，落有時，榮有時，衰亦有時，到底，也只能將這一身文武藝，賣與帝王家。縱然書樓，也只能藏書，從來藏不住紅塵凡心，拳拳執念。

韋后的野心

如今，韋后已成為那個做夢都會笑醒的人。

李重俊兵變，伏誅，太子之位自動騰出。武三思被殺，這又是另一個驚喜。一個遲早會攤牌的勁敵，就這樣被人輕易除掉，且不費自己絲毫，不能不說是意外收獲。雖說從此閨中會少一個密友，但男人嘛，點心而已，沒有這個還會有下一個，不愁前路無知己。奪權，才是人生大業。

武氏勢力，少了武三思這個領頭人，便成了無頭軍，韋后趁勢收伏，悉數歸在自己麾下。且陸續援引宗楚客、紀處訥、鄭愔，甚至韋家親屬入相，把持中樞政權，「溫等既居榮要，爍灼朝野，時人比之武氏」，一時間韋后黨羽陣容空前，勢力大熾，趕得上武三思生前的威風了。控制了朝廷最高行政權，韋后信心百倍，開始馬不停蹄地鋪設自己的女皇之路。

第一步，把持禁軍。歷來宮廷政變，都少不了禁軍配合。只要收伏禁軍，控制城門要徑，皇帝就成了泥菩薩，取帝座幾乎就如探囊取物。因之，韋后把這一重要職務交給了韋家親戚，如，族兄湑為左羽林大將軍，族姪捷為右羽林大將軍。

第二步，自加封號。當年武則天不是與高宗並稱二聖嗎？看來女主天下，加封號、自抬身分是必不可少的步驟。由是太子政變剛被鎮壓，韋后便授意宗楚客率百官上書，請為皇帝夫婦加號。唐中宗被尊為應天神龍皇帝，韋皇后被尊為順天翊聖皇后。

第三步，製造祥瑞。武則天能讓洛河裡一塊普通的石頭變成祥瑞，韋后也有的是辦法。景龍二年（七〇八）二月，韋后指使左右宮人，妄稱衣箱裡飛出五彩祥雲，宰相韋巨源「以為非常佳瑞，請布告天下」（《舊唐書》）。沒過多久，又指使右驍衛將軍、知太史事迦葉志忠進獻〈桑條歌〉，宣揚皇后之德。

兩年前，為了扳倒五王，韋后把放蕩私生活給貢獻出來，現在，搖身一變，成了以養蠶、採桑等婦德母儀天下的正經皇后。估計京城百姓還在驚愕中呢，不知咱風流皇后是受了什麼刺激，要改邪歸正了。

不管怎樣，韋后裡裡外外忙了一通，收效甚好，朝廷上下，百官唯皇后命是從，那叫一個烈火烹油，鮮花著錦。忙完這些，韋后拍拍手，原來當女皇並不難嘛，也就這幾個步驟而已，阿武子（韋后母女對武則天的蔑稱）可是耗了半輩子才完成，自己竟只用了不到五年時間。韋后忍不住要給自己點讚。

現在只差最後一步了：等中宗死掉。一如當年武則天等高宗殯天才臨朝稱制。高宗皇帝病了十多年，終也善解人意地死掉了。可中宗，看上去活蹦亂跳的，殺了兒子以後，似乎精神頭更足了。韋后的耐心有限，不知道能否等得住。

那就先等等看吧，反正也還有其他的事忙。中宗庸懦，但李家還有別人。若要將這天下改姓韋，相王李旦和太平公主就是必須要拔除的眼中釘。安樂公主婚禮，先徵用皇家禁軍充作婚禮儀仗，又挪用皇后專車用作公主婚車，再命堂堂相王做婚禮司儀，甚而迫得年近半百的太平公主，也要攜夫君起舞，為姪女的婚禮助興。種種對皇家、宗室禮儀的僭越，韋后母女用意甚明：既是下馬威，又是公開宣戰。

上官婉兒冷眼旁觀韋后母女弄權。武則天確是用了三十多年的時間，才完成韋后用幾年就弄完的步驟。當女皇六十七歲稱帝時，也真的是垂暮之年了。然，人生和人生的差異，終究不在幾個乾巴巴的步驟。這也是生命最平等的地方，每走一步都有每一步的分量。你沒走過的，到底是沒走過。

《資治通鑑》載上官婉兒「自是心附帝室，與安樂公主各樹朋黨」。也就說，這個時候上官婉兒在有意地與韋后、安樂公主保持一定距離。

琉璃案上，這本散發著幽微藥香的《研神記》，承著朝陽熹微，陪主人迎來新的一天。它不知道，自己有一天會從這仙境般的藏書樓，貶謫凡塵，遺落人間，為別人收藏、覽閱。

想來，縱然它知道也是無畏的。人有人的使命，書亦然。

第十三章　婉兒與文學的黃金時代

仰循茅宇，俯眄喬枝。煙霞問訊，風月相知。

——〈流杯池〉之十三

循，通「巡」，巡視，環視。茅宇，茅草屋舍。眄，斜著眼睛觀察。仰循茅草屋宇，俯眄古樹長枝。若逢煙霞問訊，風月自然相知。

此詩起句闊大，似淩空劈來，頗有氣魄。料想詩人站在一個制高處，視野遼闊，目之所及，天際隱現，古木森然，薄霧裊裊，似煙似霞。

仰循對俯眄。一仰一俯間，天地今古蒼渾，胸中浩然。「茅宇」、「喬枝」雖為隱士標配，然「仰」與「俯」目光所含的霸氣，似又將「隱」無情碾壓。煙霞對風月。此處「風月」可做三重釋意，既是風和月，仍喻隱士情懷，又是風月，喻詩人風流，盛世風流。終了，又無關風月。風月消歇處，壯心激盪。

《莊子．山木》曾云：「莊子行於山中，見大木，枝葉繁盛。伐木者止其旁而不取也。問其故，曰：『無所可用。』莊子曰：『此木以不材得終其天年。』」大木雖枝葉繁盛，卻因「不材」而能終其天年，暫不論幸與不幸，古人所好的這般進退卷舒自如的人生觀，實不為上官家族的性格。

其時，婉兒正值人生巔峰，秤量詩壇，如《歷朝名媛詩詞》所贊，「秤量人才，其所甲乙，藻鑑特精，遐想其人，殊為神往」。婉兒承繼祖父遺志，完成了祖父未竟之業。

修文館的掌舵人

景龍二年（七〇八）四月，上官婉兒奉聖命，領銜規制修文館。唐一代，修文館始建於唐武德四年（六二一），高祖時期，無甚聲名，其時，李世民秦王府的文學館及「十八學士」，勢壓修文館。武德九年（六二六），經玄武門政變，李世民稱帝，接手修文館。隨著太宗統治逐漸步入偃武修文時期，修文館日益受到重視，聚書二十餘萬卷，由文學侍臣虞世南、上官儀等領銜掌管。

武則天時期，因女皇雅好文藝，修文館學士群體再次擴充，前有北門學士，後有奉宸府的珠英學士。其時也湧現了許多著名詩人，成就斐然，如史稱「文章四友」的蘇味道、李嶠、崔融、杜審言，又有宋之問、沈佺期這兩位對律詩發展做出卓越貢獻的一線詩人，等等。

依《唐六典》所載，修文館主要職責在於：「掌詳正圖籍，授教生徒。凡朝廷有制度沿革，禮儀輕重，得參議焉。」從設館始至景龍二年，修文館雖為常設機構，授教生徒，藏書儲賢，有參議權，然，建館八十餘年，館內只設學士和直學士，分別為五品、六品，政治地位較低，且缺乏管理，人員流動性大，數目亦不固定。

景龍二年（七〇八），身為新任館主，上官婉兒走馬上任，從四個方面著手進行修文館的改革。

第一，提高修文館政治地位，方法是增設大學士一職，由三品以上朝廷重臣擔任。首批大學士成員四名，分別為李嶠、宗楚客、趙彥昭、韋嗣立。其中，李嶠時任中書令、趙國公，宗楚客時任兵部尚書、郢國公，趙彥昭為中書侍郎、同中書門下三品，韋嗣立為太府卿。

第二，力糾從前的混亂，首倡設立學士和直學士的編制。其中，學士八員，直學士十二員，首批人員名單，《新唐書・李適傳》有載：李適、劉憲、崔湜、鄭愔、盧藏用、李乂、岑羲、劉子玄為學士，薛稷、馬懷素、宋之問、武平一、杜審言、沈佺期、閻朝隱為直學士，又召徐堅、韋元旦、徐彥伯、劉允濟等滿員。其後被選者不一。

第三，更新選聘標準。據《唐六典》載，武德、貞觀年間，修文館學士遴選標準為

「皆妙簡賢良為學士」，意謂學士得是品學兼優的「好學生」。上官婉兒任館主時，標準更為「徵攻文之士以充之」（《唐會要》）。能者居之，不拘一格。上官婉兒起用神龍元年（七〇五）的一批貶謫之臣。宋之問、杜審言、沈佺期等先後奉旨北歸，供職修文館，任直學士。

曾因媚附張氏兄弟，貶謫南荒，窮山惡水之間求生存，然，禍福兩依，從京都盛世到嶺外荒寒，詩人們經歷了大挫折，也見了大天地，感受了人世滄桑，宦海淬鍊，世謂「逐臣意識」，詩風、詩材都較以往豐富，擁有更飽滿的生命層次和質地。他們任職修文館，回歸宮廷詩壇，這對中宗文壇的繁榮意義重大。

第四，延攬天下英才。《景龍文館記》載：「至若幽求英雋，鬱興詞藻。國有好文之士，朝希不學之臣。二十年間，野無遺逸，此其力也。」致力於推掖才俊，擴充修文館陣容，以至舉國上下不乏飽學之士，朝堂內外鮮有不學之人。

自修文館改革，宮廷應酬唱和、遊宴賦詩活動大量增加。史載，中宗一朝，從神龍元年（七〇五）至景龍四年（七一〇），約六年時間裡，以中宗為首的遊宴賦詩活動，多達五十餘次。中宗本就是個愛玩的主，現有修文館介入，吃喝玩樂，由是有了官方文化活動的名義，中宗更是不亦樂乎。

《全唐詩話》載：「凡天子饗會遊豫，唯宰相直學士得從。春幸梨園，並渭水袚除，則賜柳圈闢癘。夏宴蒲萄園，賜朱櫻。秋登慈恩浮圖，獻菊花酒稱壽。冬幸新豐，歷白鹿觀，上驪山，賜浴湯池，給香粉蘭澤，從行給翔麟馬、品官黃衣各一。帝有所感，即賦詩，學士皆屬和，當時人所欽慕。」

四季輪轉，萬物常新，景與景自然不同。中宗趁此良機，將長安及周遭的景點逛了個遍。有學者從《全唐詩》統計得出，景龍年間，修文館內集結的詩人群體，先後有一百七十多位參與皇帝遊宴賦詩，共創作了應制詩七百三十餘首。規模不可謂不大。

奉帝君命，就某個特定題目作詩，得在瞬息之間一揮而就，又須考慮帝君感受，進行必要的奉承。由此得來的應制詩，品質或有參差，水準不一，又有刻意歌功頌德的跡象，等等，諸多缺陷都在預料之中。然，必須明確的一點是，集結於中宗周圍的，可都是初唐詩壇大咖。天下名士有此機會，薈萃一堂，華山論劍，又為拔得頭籌，得到皇帝垂青，費盡思量，這於詩藝的切磋，詩材範圍的探討，原本就是推進的一大助力。

再，《唐音癸籤》載：「有唐吟業之盛，導源有自……於時文館既集多材，內庭又依奧主，遊宴以興其篇，獎賞以激其價，誰啓律宗，可遺功首？」

《資治通鑑》亦載：「每遊幸禁苑，或宗戚宴集，學士無不畢從，賦詩屬和，使上官昭容第其甲乙，優者賜金帛。」

「奧主」上官婉兒借鑑女皇「賦詩賜錦袍」的方式，以明確的獎賞「金帛」來激勵詩人創作。這既能促進好作品的產生，又是對詩人的肯定，而報酬本身也是一種尊重。想來詩人們當是更喜歡金帛的。皇帝御賜的錦袍，只能供著，不能吃，不能喝，冷了也不敢穿來禦寒，而該貶的時候還是被貶了。金帛，至少是實在的，好處也簡單直接。

也正是在這樣的環境中，中宗朝詩壇，在有唐一代空前繁榮，成為盛唐文學的先聲，更迎來了七律的最終成型，趙昌平先生評價道：「『七律』的成熟有其特定背景，這就是武后中宗時期頻繁的應制唱和活動。特別是中宗景龍二年四月修文館學士的設定，最後促成了『七律』的突變，使初唐『七律』上的引號終於可以去掉而成為定型的七律。因為這一建置集中了當時最優秀的詩人，造就了實踐、探討、切磋、學習的良好條件。」

七律終在景龍年間定型，上官婉兒功不可沒。

站在修文館，祖父上官儀曾工作過的地方，不知婉兒是否有去尋找過祖父的痕跡。祖父、父親蒙難時，她尚在襁褓，兩位至親，她竟無絲毫印象。每當想起，只有無窮無盡的空落，彷彿宇宙間僅她一人。一個沒有出處、沒有淵源的人。

但她又知道，祖父一直都在的。在詩歌裡，在修文館那些他曾經掌管的藏書裡。她也知道，她在修文館的作為，祖父若泉下有知，當會為她驕傲的。

文壇的風雅之聲

慈恩寺，位於長安城晉昌坊，唐貞觀二十二年（六四八），太子李治請旨修建，追念母親長孫皇后。寺內環境幽美，有謂「寺南臨黃渠，水竹深邃，為京都之最」。寺中牡丹又為長安一絕。值牡丹花開時節，往往遊人如織，絡繹不絕。寺內更有蜚聲海內的大雁塔，為唐永徽三年（六五二）玄奘法師親自主持修建。塔高三百尺，塔內供奉著法師從天竺請回的佛像、舍利和梵文經典。此塔亦法師生前譯經處所。

麟德元年（六六四），玄奘法師圓寂。昔人乘黃鶴仙去，大雁塔屹立千載，承世道人心。至今，落陽晚照中，漫天彩霞，緩緩西墜，宛若驚鴻游龍，又若都市霓虹，都在講浮生故事。驀然回首，唯見大雁塔，千古同一，默然聳峙於天地間，笑傲風雲，俯瞰蒼生。

一千三百多年前，上官婉兒眼裡的大雁塔又是怎樣的呢？

景龍二年（七〇八），九月九日重陽節，唐中宗率領群臣遊賞慈恩寺。《唐詩紀事》

載：「九月，幸慈恩寺塔，上官氏獻詩，群臣並賦。」上官婉兒賦詩〈九月九日上幸慈恩寺登浮圖群臣上菊花壽酒〉。

> 帝里重陽節，香園萬乘來。卻邪萸入佩，獻壽菊傳杯。塔類承天湧，門疑待佛開。睿詞懸日月，長得仰昭回。

慈恩寺浮圖，即大雁塔。睿辭，聖哲的辭藻，頌揚帝王詩文的用語。昭回，謂銀河裡星辰光耀迴旋，如《詩．大雅．雲漢》：「倬彼雲漢，昭回於天。」起句峭拔生姿，著意營造帝王出遊的壯偉儀仗，「萬乘」即見皇家扈從的排場。頷聯中，「卻邪」對「獻壽」，寥寥十字，簡筆勾勒重陽節活動。卻、入、獻、傳四個動詞連用，簡淨俐落，亦傳遞出重陽節慶中人們的歡快、灑落。頸聯，首句寫遠景中的大雁塔，塔接穹宇，勢如地湧，將目光導向天空，次句「門」又將目光拉回，一仰一俯間，視角轉換，視野遼遠，有一種西北晴空特有的明亮、高遠，更可見秋色長天中，大雁塔頂天立地之姿。

同年十月三日，中宗率群臣遊賞長安三會寺。上官婉兒賦詩〈駕幸三會寺應制〉。

> 釋子談經處，軒臣刻字留。故臺遺老識，殘簡聖皇求。駐蹕懷千古，開襟望九州。四山緣塞合，二水夾城流。宸翰陪瞻仰，天杯接獻酬。太平辭藻盛，長願紀鴻休。

釋子，釋迦弟子，這裡是僧徒的統稱。故臺，倉頡造字臺，長安三會寺內的造字臺，相傳為倉頡受到鳥跡啟發而造字的地方。遺老，歷經世變、滄桑的老人。蹕，帝王車駕。宸翰，皇帝身邊的文學侍從。第一、二聯狀寫三會寺內兩處名勝：釋迦弟子談經處、倉頡造字臺，都是滄桑，都是古意，自然承接到第三聯的「駐蹕懷千古」。溯古為思今，「懷千古」對「望九州」，懷與望，又是一組動詞，且各自神態鮮明，「懷」為沉思狀，情緒是內省、含蓄的，「望」則為外向、蓬勃又充滿豪氣的，一懷一望間，自有一種思緒流轉的韻致。情緒的收與放中，又自然對應各自的動作：「駐蹕」和「開襟」。第四聯，承「望九州」，目光再拓展到天地間。三會寺四山相擁，兩河環抱。寥寥數字，地形已躍然紙上。而「四山」對「二水」，又是上官婉兒喜用的意象並置，一剛一柔，一個緘默無言，一個靈動流婉，又各以動詞「合」、「流」頓然收住，且準確對應山、水各自的或陽剛或柔媚的姿態。此五言對仗精整，一氣直下，毫無罣礙，且詩格雄麗，就意境的闊大而言，已有盛唐神韻。

三會寺雖未能抵擋住歲月流逝，湮滅於歷史中，今遺址不存，然從此詩，依稀能望見當年氣象，想來是上至王公貴族下至普通百姓，都不會錯過的長安絕勝。

景龍三年（七〇九）年末，中宗遊幸新豐溫泉宮（位於今西安臨潼），上官婉兒隨駕。《全唐詩》上官昭容條云：「景龍三年十二月十二日，中宗皇帝駕新豐溫泉宮。上官昭容亦賦絕句三首以獻。」

三冬季月景龍年，萬乘觀風出灞川。遙看電躍龍為馬，回矚霜原玉作田。——〈三冬〉

此詩寫帝君儀仗行進途中。首句平穩入題，點明時間，次句寫地點，帝君率眾從灞川出。此時為隆冬時節，漫天飛雪，皇家儀仗馳騁於廣袤雪原。第三句氣勢陡起，言駿馬神速，「遙看」有引頸瞭望意，焦距很長，萬馬奔騰、絕塵而去，畫面裡似煙塵滾滾，尾句又盪開，落定、轉靜，寫遠景中的雪原，皚皚銀裝，四望皎然，如明玉覆原，營造出飛雪中天地渾茫、空闊之感。

詩格豪放，筆下鋒芒，颯爽巾幗風。尤「遙看」、「回矚」二句，鍾惺評曰：「遙看、回矚俱有分曉……絕句能陡然竟住，畢竟神老氣健。……全詩皆以猛力震撼出之，可以雄視李嶠等二十餘人矣！」

鑾旗掣曳拂空回，羽騎驂驔躡景來。隱隱驪山雲外聳，迢迢御帳日邊開。

——〈鑾旗〉

鑾旗，皇帝儀仗中的旗幟。驂，快馬。驪山，位於今西安臨潼東南，山上有烽火臺，傳周幽王為博妃子一笑，烽火戲諸侯之處。此詩寫帝君儀仗抵達目的地，結營扎帳之事。風捲鑾旗，獵獵作響，遮空蔽日，天子扈從飛馳而來。驪山隱現天際，高聳入雲，御帳迢迢，輝映著雲際的山峰輪廓。攝景由遠而近，從天際至山腳，一個長長的焦距中，皇家御帳的規模不同凡響。

翠幕珠幃敞月營，金罍玉斝泛蘭英。歲歲年年常扈蹕，長長久久樂昇平。

——〈翠幕〉

金罍玉斝，古代盛酒的器具。蘭英，美酒飄香，如蘭花般芬芳。扈蹕，皇帝車駕的護從。此詩寫御帳內的皇家飲宴。〈三冬〉寫出遊途中，〈鑾旗〉列紮營之事，此〈翠幕〉為御帳夜宴。三首詩拼接，便是一幅完整的天子出遊圖。帳外雪光皎皎，營內翠幕珠幃，華燈璀璨，君臣飲酒賦詩，共享美景佳釀，唯願江山永固，長安萬戶，歲歲年年，和平吉祥。

應制詩作，循例，詩末都須誦天子聖德，然，「長長久久樂昇平」當屬婉兒由衷之願。隨駕天子儀仗，婉兒眼裡望出去的，筆端摹寫的，不僅僅為揣摩天子意趣。這長安絕勝，大唐山水，她亦是風景中人、局中人。

婉兒這組僅存於世的應制詩，詩筆恢宏，骨格雄放，聲韻高亮，有一種數風流人物還看今朝的氣魄。這是上官婉兒眼中的長安，亦是她對時代的期許：真的英雄，當不問來處。

綵樓評詩

《唐詩紀事》載，景龍三年（七〇九）正月，中宗遊幸昆明池。泛舟池上，沿池列帳，設宴，置綵樓。

時值早春，寒意尚存，池邊楊柳，樹幹仍顯枯瘦，然，枝條已然蕭舒、柔軟，做好準備迎接春風雨露。近旁有臘梅園，冷香幽幽，清冽中亦見婉媚。連翹、迎春，這裡一叢，那裡一叢，開得絢爛、囂張，不管不顧的，有些市井氣了，似配不上這皇家園林的端莊。不過那熱熱鬧鬧的勁，倒也是極入世的，樸直中自有煙霞。

中宗詩興又來了，領銜賦詩一首。群臣屬和，共制詩百餘篇。孰優孰次？今日誰會將金帛收入囊中？上官婉兒奉聖旨評詩。

御帳前，綵樓之上，上官婉兒亭亭而立，手執一沓詩稿。文士們皆聚在綵樓前，引頸仰望，靜待奧主選鑑。每一篇詩稿，上官婉兒從頭到尾，略一掃視，再念出詩人的名字，詩稿隨之飄飄揚揚，從綵樓落下。似乎能聽到詩人在低聲嘆氣，唉，金帛又沒戲了，又無奈，攥著詩稿，默然垂首。人叢中間或浮起一片細小的騷動，窸窸窣窣，繼又恢復寧靜，詩人們復又引頸，仰望。

倏而間，上官婉兒拋擲詩稿的速度漸快，想是大都不入奧主法眼，也不念名字了，詩稿一頁接著一頁從綵樓飛下，《唐詩紀事》謂「須臾紙落如飛，各認其名而懷之」。最後，婉兒目光落在兩篇詩稿上。

法駕乘春轉，神池象漢回。雙星移舊石，孤月隱殘灰。戰鷁逢時去，恩魚忘幸來。山花緹騎繞，堤柳幔城開。思逸橫汾唱，歡留宴鎬杯。微臣雕朽質，羞睹豫章材。

——沈佺期〈奉和晦日駕幸昆明池應制〉

春豫靈池會，滄波帳殿開。舟凌石鯨度，槎拂斗牛回。節晦蓂全落，春遲柳暗催。象溟看浴景，燒劫辨沉灰。鎬飲周文樂，汾歌漢武才。不愁明月盡，自有夜珠來。

——宋之問〈奉和晦日駕幸昆明池應制〉

上官婉兒似有躊躇。蹙眉，沉吟。

早春陽光，清淺涼薄，綵樓下，翹首等待的詩人們的眼中，唯奧主眉心那一顆梅花狀花鈿，光芒灼灼，熠熠生輝。

《唐詩紀事》載，上官婉兒評曰：「二詩工力悉敵，沈詩落句云：『微臣雕朽質，羞睹豫章材。』蓋詞氣已竭。宋詩云：『不愁明月盡，自有夜珠來。』猶陟健舉。」

沈乃伏，不敢復爭。

昆明池判詩，這則軼事流傳甚廣，幾乎是所有討論初唐詩歌發展的學者都不會錯過的。而上官婉兒對沈、宋兩詩的評判歷來也被公認為行家語。如明代王世貞甚為同意上官婉兒的判定，稱沈的結句是「累句中的累句」，宋的結句是「佳句中的佳句」。

綵樓之上的上官婉兒，迎風而立，衣袂飄飄，傲視群才。此般景緻或真的可以和當年披甲馳騁的平陽公主、與龍座上指點江山的武則天相提並論。那是一個時代的氣象。前無古人。

樓下的詩人們翹首而望，等待這位詩壇領袖對自己詩章的裁決。只見她目光迅速在詩章掃視，手起紙落，一頁一頁的詩從彩樓飄下。每有紙張落地，總在人群中引起一陣窸窸窣窣的騷動。詩人才子們哄搶著詩章。撿到自己詩歌的人，搖著頭嘆著氣，非常遺憾地退出人群。其餘的幸運兒繼續仰頭觀望。

陽光下，上官婉兒眉心的花鈿，反射出奪目的光芒。

《新唐書．上官昭容傳》載：「數賜宴賦詩，君臣賡和，婉兒常代帝及后、長寧安樂二主，眾篇並作，而採麗益新。又差第群臣所賦，賜金爵，故朝廷靡然成風。當時屬辭者，大抵雖浮靡，然所得皆有可觀，婉兒力也。」

「大抵雖浮靡，然所得皆有可觀」，想來，必是在諸多類似昆明池賦詩的酬唱中，於一片駁雜之音中，婉兒以一己之力，致力盪滌宮廷詩殘餘的頹靡之氣，推動確立新的詩歌審美體系。婉兒謂「健舉」，意即詩之骨格，當昂揚有態，挺挺有標格。「不愁明月盡，自有夜珠來。」這也是初唐人的精氣所在，天真、無畏、豪勇，有一種天生我才必有用的自信，又似時刻準備著捲土重來。

「當生貴子，而秉國權衡。」

「持此秤量天下。」

鄭氏生前一定與女兒多次講起這個夢。妊娠期間，有一夜，鄭氏夢境裡走來一位仙人，一襲白衣，美髯飄逸，雙目清炯。仙人手持一桿奇怪的大秤，遞與自己，並言她腹中孩兒將來會身居高位，秤量天下……從前在掖庭宮，這個夢是當成一個笑話來講。鄭氏眼見得女兒在女皇身畔蟄伏數年後，又步步高升，又有數次仔細回想這個夢，想的時候也會輕輕笑出聲。想來大仙也有料事不神的時候，他不是預言她腹中是一個男孩兒嗎？

李重俊兵變後，鄭氏不再想這個夢。

這位隱身於婉兒身後的母親，史料記載寥寥數字。名字、年齡、籍貫、家世，以及性情，皆不詳知。然而依常理亦可推測，李重俊兵變是一個母親的夢魘。婉兒是否會秉國權衡，秤量天下，已不重要，她更希望女兒平安，一生有始有終。

玄武門城樓，與太子、中宗較量，十萬分驚險中，上官婉兒是否有想起母親？當是一定的。那一刻，若她沒有抓住那一線生機，又若出現任何一丁點的差池，中宗為保命，將自己拱手送至叛軍手上，她自然就成了「清君側」的犧牲品，年邁的母親一定會被牽連。

從來天子無情，最壞的打算，往往也是最有可能的。

景龍三年（七〇九）年中，鄭氏去世，以她從未奢望過的沛國夫人的身分下葬。上官婉兒請旨丁母憂。

從此，天地間真的只剩婉兒自己了。

這樣也好，塵世中，或進或守，她都不會有牽掛了。

再無軟肋，一身盔甲。

第十四章　聯盟與動盪的終幕

橫鋪豹皮褥，側帶鹿胎巾。借問何為者，山中有逸人。

——〈流杯池〉之十四

鹿胎巾，用鹿皮製作的頭巾。豹皮為褥，鹿胎巾覆額，一看便知，此乃唐時貴族行獵標配。逃離城市，潛進山林，偶遇林間逸人。詩味沖淡、自然，不過娓娓道來。然，豹皮、鹿胎巾，不僅顯示詩中人的貴族身分，亦帶有濃烈的都市色彩。

比較王維的〈終南山〉：「太乙近天都，連山接海隅。白雲回望合，青靄入看無。分野中峰變，陰晴眾壑殊。欲投人處宿，隔水問樵夫。」

兩詩表達方式雖十分不同，詩歌大意卻近似，均為詩中人日訪山林，偶遇林中逸人（或曰樵夫）。就詩境而言，王維別業輞川山谷，又曾隱居終南，對山野風景、生活自是非常熟悉，如尾聯「欲投人處宿，隔水問樵夫」，畫面清新、可感，尤具遠神遠韻。

美國學者宇文所安先生認為，追溯唐代別業詩歌淵源時，上官婉兒這組〈遊長寧公主流杯池〉不容錯過。正是在她「返璞歸真」和「平淡自然」的風格中，上官婉兒「開啟了王維《輞川集》中的那些名篇佳作的先河」。

必須承認，上官婉兒是達不到王維詩歌的高度的。比較這兩首詩，高下立現，然，亦是可解的。不獨王維，讀有唐一代任何一位男性官宦或詩人的本傳，你會發現他們的經歷異常豐富。忽而塞外，忽而江南，忽而荒漠，忽而蜀南蜀北，忽而高樓暢飲，忽而灞橋折柳。

而上官婉兒，終身囿於京都，囿於皇城。

中宗的暴崩

火樹銀花合，星橋鐵鎖開。暗塵隨馬去，明月逐人來。遊妓皆穠李，行歌盡落梅。金吾不禁夜，玉漏莫相催。

——蘇味道〈正月十五夜〉

千餘年前的長安上元節（後稱元宵），可謂唐朝版狂歡節。平日裡，京城嚴格宵禁，謂「金吾禁夜」，坊門按時關閉，各人歸各家。依《唐律疏議》載：「諸犯夜者，笞二十。……」注云：「閉門鼓後，開門鼓前，行者皆為犯夜。」但在上元燈會，普天同慶，宵禁會暫時破例，時謂「金吾弛禁，特許夜行」，意即政府特准，允徹夜不歸。因之，每年一度的上元佳節，上至貴戚，下至商賈、農人，皆傾城出動，出門找樂子去了。真真兒是狂歡節。

長安上元佳節，有兩大看點。

第一，看燈。既是觀燈會，燈自然是主角。張鷟《朝野僉載》卷三載其燈會盛況：「於京師安福門外作燈輪，高二十丈，衣以錦綺，飾以金玉，燃五萬盞燈，簇之如花樹。」五代王仁裕《開元天寶遺事．百枝燈樹》亦載：「韓國夫人置百枝燈樹，高八十尺，聳之高山上，元夜點之，百里皆見，光明奪月色也。」

第二，看美人。美人觀燈，出行隆重，說不定會釣到一個高富帥，自然盛裝打扮，如蘇味道詩裡所說「遊妓皆穠李」。美貌歌妓，煙視媚行，又給這個不夜長安城添了許多嫵媚，許多溫柔，或也有許多愛情，許多斷腸。

不單是歌舞妓人，宮中美人也會組團出遊，張鷟《朝野僉載》卷三又載：「宮女千數，衣羅綺，曳錦繡，耀珠翠，施香粉。一花冠、一巾帔，皆萬錢，裝束一妓女皆至三百貫。妙簡長安、萬年少女婦千餘人，衣服、花釵、媚子亦稱是，於燈輪下踏歌三日夜，歡樂之極，未始有之。」

再如詩人袁不約在〈長安夜遊〉裡細緻描摹的：

鳳城連夜九門通，帝女皇妃出漢宮。千乘寶蓮珠箔卷，萬條銀燭碧紗籠。歌聲緩過青樓月，香氣潛來紫陌風。長樂曉鍾歸騎後，遺簪墮珥滿街中。

「千乘寶蓮珠箔卷，萬條銀燭碧紗籠。」瞧這架勢，很有要與宮外美妓爭鋒的派頭。一夜狂歡後，路道巷陌，累累塵埃中，遺落掉許多名貴的簪子、耳墜。主人早已回宮，唯這些飾物，在晨間的清輝中孤零零地躺著。

然，也有貪戀俗世幸福，從此與宮廷成老死陌路的。據載，景龍四年（七一〇）上元節，丟的就不僅是一些首飾了。三千宮女，出宮夜遊，規規矩矩回宮的寥寥，有一大半趁夜都跑掉了。用學者蒙曼的話說，這一夜長安城許多小夥子，豔福齊天，娶到了從天而降的美麗姑娘。

規模盛大，等一年才有一次，這樣的狂歡節，中宗自然不會放過。自神龍元年（七〇五）女皇仙逝，從此再無女巫似的母后在一旁嚇人了。短短幾年間，中宗馬不停蹄，春幸梨園，夏宴葡萄園，秋登慈恩浮圖，冬幸新豐，又是在宮裡擺攤，舉辦拔河比賽，又是泛舟昆明池，又是微行上元節，與萬民同樂，中宗徹底放飛自我了。

想像中宗一行，微服市井，擠在湧動的人潮中，忽而被推至這邊，忽而又被擠到另一邊，眼裡所見，耳中所聞，皆是來自民間最接地氣的喧鬧。或有可能，他們還會在街邊小攤買些串串、燒烤、糕點，邊走邊吃，又忽而被亂竄亂擠的孩童撞翻，衣領或胸口頓時一攤汙漬。護從要將孩子捉來賠罪，卻被中宗攔住。中宗鮮見地慈善，他享受這種震天的喧囂，這種擁擠、熱鬧。

被自己的母親流放房陵多年，那些孤寂而恐懼的日子，在他心底留下一個深深的洞，需要許多許多的熱鬧來填補。臣屬只看到這位皇帝的不正經，鮮有人能體會那十餘年流放歲月對他的影響。

即便身為妻子的韋后，想來也不能理解了。當年落難房州，叫天天不應，叫地地不靈，又時時面臨母后的刺殺威脅，中宗一度精神沉鬱，幾近崩潰，是韋氏鼓勵丈夫：「禍福倚伏，寧失一死，何遽如是！」李顯感激妻子患難中的不離不棄，謂韋氏：「異時幸復見天日，當唯卿所欲，不相禁御。」（《資治通鑑》）他們相互扶持、鼓勵，度過了最艱難的歲月。如今，苦難過去，錦繡無邊，兩人心境卻已經不同了。一個想要抓緊時間享受這塵世的歡樂，另一個則野心勃勃，誓做第二個女皇。

韋后要做女皇，身為皇帝的丈夫便是第一要被利用、犧牲的對象。

景龍四年（七一〇）六月初，中宗暴崩。某日深夜，中宗在神龍殿批閱奏章。其時，距上元燈會有些時日了，寒食、清明的遊春踏青，秋千、蹴鞠等宮廷派對，皆告一段落。

慈恩寺的牡丹花期也過了，長寧公主府的美景已賞過許多次，不新鮮了，重陽登高還得等一段日子。無熱鬧可尋，那就看看奏摺，奏摺裡臣僚們互相戳起是非來，有時看著也蠻有趣味。

奏章沒看幾行，便呵欠連連，肚子也咕咕叫了。呼喚左右，不見人，不知小子們躲在哪個角落裡打瞌睡。隨著一聲嬌滴滴的「父皇」，安樂公主走進來，端著一盤香噴噴的湯餅。中宗一看見自己最疼愛的女兒親自來送餅，眉毛展開了，眼睛笑彎了，趕緊扔下奏章，吞下餅……

這宗毒餅謀殺案，《資治通鑑》記載如下：「散騎常侍馬秦客以醫術、光祿少卿楊均以善烹調，皆出入宮掖，得幸於韋后，恐事洩被誅；安樂公主欲韋后臨朝，自為皇太女；乃相與合謀，於餅餤中進毒。六月，壬午，中宗崩於神龍殿。」馬秦客懂醫，會下毒，楊均善烹調，會做餅，為防韋后閨中祕聞為中宗所知，兩人通力合作，一個做餅一個下毒，安樂公主沒當上皇太女，正一肚子不樂意，便自告奮勇地幫老爸送毒餅……

當代歷史學者們又提供了另一種解讀：中宗暴崩，並非死於毒餅，而是突發疾病，一如當年他哥哥李弘的暴卒。再，李唐家族有心腦血管疾病的遺傳病史，高祖、太宗、高宗均有此病，且都逝於五十來歲，中宗殯天時五十二歲，從死亡年齡看，並不比先輩蹊蹺。而且，其時韋后羽翼尚未壯大到能一腳踢開中宗的境地，相王李旦和太平公主兄妹倆勢力不容小覷，就這麼弄死他們的哥哥，那就不僅是公開為敵，簡直是要逼得兄妹倆立即開戰，血拚到底。於公於私，他們都絕不能容忍韋后如此猖狂。總而言之，這還不是讓中宗消失的最佳時機，韋后他們似乎不會這麼急於下手。

中宗之死成謎，存疑。但天子暴崩，儲君未立，帝位空懸，已成既定事實。韋后心懷鬼胎，指派左右，封鎖消息，可宮中耳目、眼線眾多，該知道的人立即便會獲得消息。這就彷彿一顆威力甚猛的炸彈，從天而降，直直落在了中宗宮廷，轟然巨響，然，畫面靜音了，所有人只看到滾滾黑煙。

畫面繼續靜音，鏡頭移到上官府邸。婉兒或在讀書，或在煮茶、寫字，或在整理母親牌位前的供品。景龍三年（七〇九）十一月，上官婉兒母喪期內，中宗為照顧她的孝行，特降為婕妤，謂「孝高百行，頃罹創鉅，爰命權奪」（《全唐文》）。府內清寂，燈燭寥落，母親魂靈未遠，上官府邸許久都未張燈設宴了。只見一個丫頭從畫外匆匆走進，伏在上官婉兒耳畔低語，婉兒手中毛筆，筆鋒一挫，墨汁暈染一大片。旋即，婉兒在房內疾走。

上官婉兒的一生，天生的下屬，注定只能輔佐某個人。因之，她的政治生涯，又是由一次又一次的抉擇組成。

第一次，選擇加入武后陣營。

第二次，選擇與李唐宗室合作，參與神龍政變，推翻武則天。

第三次，神龍政變後選擇輔佐中宗。

第四次，中宗庸懦，選擇順勢而為，依附韋武一黨。

每一次抉擇，都可謂行走在血光邊緣，既考驗判斷力，又是賭博。要麼一朝在君側，要麼滿盤皆輸。是榮華與階下囚的抉擇，也是生路與死路的抉擇。那些先後遭貶、流放嶺外的許多官宦，誰又沒有做著仕途青雲的大夢？卻因在抉擇中，站錯了地方，最終為局勢中的漩渦所吞沒。

太子李重俊政變後，上官婉兒知道即將面臨新的抉擇。是繼續輔佐韋后，還是另謀出路？她逐漸疏離韋后黨羽，專注於規制修文館，觀望時局。然，沒想到第五次選擇，就這樣劈面而來。

中宗暴崩，時局立即變得凶險萬分，何去何從，上官婉兒必須做出決定。畫面中，婉兒突然停住腳步，眼眉一抬，目光凌厲，即刻轉身入內。

與太平公主的合作

一死激起千層浪。中宗暴崩，儲君未立，帝座空置，韋后黨羽立即展開行動，力求上位。

歷來繼承大統，講究名正言順。名不正則言不順，無端授人以柄，便是幫對手創造機會，這個道理韋后自然懂得。只是中宗死得太著急，根本就沒留下所謂「遺詔」。不過，這個也不難，矯制就是。她器重的上官婉兒最擅長此類業務。

韋后召見上官婉兒，如此這般、這般地交代了一番，至於措辭、分寸的拿捏，自是上官婉兒的工作。韋后的意圖很明顯，立中宗十六歲的小兒子李重茂為傀儡皇帝，自己模仿當年的武則天，臨朝稱制。

不管李唐江山，還是上官婉兒的人生，又到了一個緊要關口。

上官婉兒領命制詔——雖然不情願。

領命矯制中宗遺詔，她自是無法推拒，幾經揣摩後，上官婉兒想到了一個人——太平公主。就如同神龍政變，她選擇與太平公主合作，將寶押在李唐宗室，現在看夠了韋后母女的表演，還是覺得李家人坐這個皇位更可靠一些。

太平公主，《舊唐書》卷一八三〈外戚傳〉載：「二十餘年，天下獨有太平一公主，父為帝，母為后，夫為親王，子為郡王，貴盛無比。」用學者蒙曼的話說，她是中國歷史上最傳奇的公主，「有一個皇帝父親（唐高宗）、一個皇帝母親（武則天）和三個皇帝哥哥（孝敬皇帝李弘、唐中宗李顯、唐睿宗李旦），但是，她最大的理想還是自己當皇帝」。史載，太平公主「豐碩，方額廣頤，多權略，則天以為類己」，不論長相還是政治謀略，都得到武則天的嫡傳。簡言之，絕不是個好惹的角色。

此時，看到韋后沸騰的野心，太平公主決然是坐不住了。先不說她自己的皇帝夢想，若韋后歪打正著坐上了皇位，不管她太平公主是大唐公主，還是武家兒媳，她都要徹底出局，沒戲了。而且連帶她的丈夫、兒女乃至全族都會被斬草除根。這又到了你死我亡的危急時刻了。

太平公主磨刀霍霍。上官婉兒暗中接洽，兩人一拍即合。有了在神龍政變中成功合作的經驗，這一次自是水到渠成。

史載，上官婉兒與太平公主經再三斟酌、磋商，起草的中宗遺詔中，滿足韋后提出的兩個要求：第一，讓十六歲的李重茂接班當皇帝；第二，如同當年高宗在遺囑末尾所言「軍國大事有不決者，兼取天后進止」（《資治通鑑》），此遺詔也明確提出韋皇后輔政。但出乎韋后的意料，婉兒與太平又在詔書末尾增加一條：相王李旦參謀政事。也即說，韋后是輔政了，但不能完全自己說了算，遇事還得與相王商量。這一下，相王代表李唐宗室，終於在韋后臨朝獨斷的野心上，獲得了制衡她的機會。這至少也是為李家爭取到了一個博弈的平臺。

成全韋后野心的同時，兼顧到李家利益，這是婉兒能想到的最合適的應對當前困局的方式。身為下屬，身後又沒有任何扶持，上官婉兒從來不能左右政局，她只能盡己之力，為她屬意的一方製造機會。再，婉兒聯繫太平公主，既為商議，也是需要她來做自己此次投誠李唐的見證者，就像六年前的神龍政變。太平公主享有盛望，是李家代表，不管將來李家誰做皇帝，婉兒都需要太平公主為她說項。不得不說這是一步好棋，一個十分周全的考量。

上官婉兒起草這份遺詔之後，並沒有直接交給韋后，而是先把它拿給群臣加以討論，《大唐新語》卷三記載了這件事：

> 遺詔令韋庶人輔少主知政事，授相王太尉，參謀輔政。宗楚客謂韋溫曰：「今皇太后臨朝，宜停相王輔政。且太后於諸王居嫂叔之地，難為儀注，是詔理全不可。」蘇瓌獨正色拒之，謂楚客等曰：「遺詔是先帝意，安可更改？」

試想韋后讀到這則遺詔的反應，我們可再借助影視劇中此類場景的表現方式。

韋后騰地站起，把遺詔緊攥在手裡，緊跟著擲到地上，恨恨道：「大膽上官！」言下之意是，你吃我的穿我的用我的，我還在宮外送你一套別墅——關鍵時刻竟擺我一道，上官昭容，有你的！

她的黨羽韋溫、宗楚客等拱手站立一旁，不敢出聲，靜待主子發完脾氣。片刻之後，韋后恢復皇后威儀，下巴微抬，凌厲地環視旁邊的人。「你們——」她挺直脊背，在鳳榻緩緩坐下，「有何想法！」語調盡量鎮定，她也許想到了婆婆武則天，她現在一舉一動都在刻意模仿她記憶中婆婆的姿態。

宗楚客與韋溫兩位宰相的建議是，聯合其他的宰相，聯名上疏，請求廢除遺詔，皇后直接攝政。把相王李旦踢出去，用其他的方法給予安撫。比如繼續幫李旦升官，升為一品太尉，無法再升了，再幫他的兒子們升官，如封李旦長子李成器為宋王。

「好。」韋后微微頷首，又站起身，高傲地俯視著兩位宰相。光宅元年（六八四），武則天在紫宸殿裡正式臨朝親政，應該也是用這種眼神看她的臣屬吧。現在，景龍四年（七一〇），這天下又該改姓韋了。韋后決定改年號唐隆以紀念新女皇的橫空出世。

行動立即展開。韋后黨羽暫時封鎖中宗殯天的消息，為順利攝政做足準備。韋后派心腹宰相前往東都洛陽，穩定形勢，防備西京長安進行政權交接時東都生變。又，派五百兵丁奔赴均州，嚴加看管中宗另一個更為年長更有資格繼位的兒子李重福，防其反叛作亂。再，控制政府和軍隊，將自己信任之人安插在政府核心位置，召集五萬府兵在長安集結，隨時候命。整個長安，從皇宮到街坊，被韋后箍得像個鐵桶。

完成所有部署，最後韋后才悲痛萬分地昭告天下，中宗殯天，遵遺詔，立李重茂為太子，發喪後立即登基。同時，改元唐隆。

李家的行動

景龍四年（七一〇）這個六月，時間似乎過得特別緩慢。長安進入夏季，西北盛夏特有的亮烈陽光，似乎能烘乾一切暗處滋長的潮溼的陰謀。但當人身處其中，分明又能感覺到那絲絲縷縷的寒氣，從牆上、柱子、雕飾、簷角瀰散開來，瀰漫在宮牆內外。

六月過去不到十天，宮中已經接連發生兩件大事。月中宗暴崩，隨即韋后攝政，眼看著這天下又將改姓了。韋后的五萬府兵整裝待戈，每日在長安街列隊而行。軍隊所經之處，甲冑與武器在烈日的反射下，灼灼，熠熠，一片白光中蒸騰著新的殺機。

京城百姓也是見過大場面的，神龍元年至今已經歷過幾次政變，皇帝從武則天換成中宗，現在又將換人。但不管皇帝由誰當，那離他們的日常生活很遙遠，他們平靜又淡漠地望望眼前刺眼的白光，回頭又忙自己的事去了。

熱衷政治的八卦者自會在人群低聲傳播，韋后臨朝，新一輪政治清洗即將開始。距垂拱年間武則天對李唐宗室的剿殺，也才二十餘年。滾落在地的新鮮人頭，空氣中終日瀰漫的血腥，流放路上慘絕人寰的悲號，人們都還來不及忘記。

但在韋后黨羽宣讀被竄改的遺詔時，李唐宗室，不論相王李旦還是太平公主，都沒有出面阻止。皇宮靜極，長安靜極。靜得太不尋常，以至這靜也顯得猙獰、驚悚，似乎下一秒這繃緊的靜就能爆裂，瞬時變幻出絕大的殺戮。

上官婉兒明白，自己也逃不脫韋后的屠刀。她們已然對立，不是你死就是我亡。

再難有一個完整的睡眠。此時身居皇宮的上官婉兒，想必仍會在表面繼續她慣有的工作生活模式，仍會在燈下看書，或在藏書樓輾轉。偶爾心中的慌亂一閃而過，便會進入內室仔細察看那份矯制遺詔的備份是否安然。以她長年練達的雙眼，對韋后這個野心蓬勃又智商不足的女人已有充分了解，知其不會遵從遺詔，知其必會孤注一擲，竄改遺詔強行上位以至惹禍上身。上官婉兒多了一個心眼，留下遺詔草稿。

這遺詔備份既是一份保命書，也是一枚橄欖枝。風暴將至，她必須為自己找好棲息之所。

有人認為，這是上官婉兒又一次狡兔三窟，為己留後路的政治投機行為。上官婉兒一生，屢次選邊站，依附不同的陣營，她從來沒有政治節操。然，講政治節操，要人用生命去守護的所謂節操，也是有前提的。那就是歸宿感。對一個在任何陣營都勤勉工作，但每到關鍵時刻，只得靠自己十萬分努力才能保全自己的人，你不能要求她忠貞。因為沒人忠貞於她。

水中看樹影，風裡聽松聲。又一次，她需要捕捉山雨欲來、風中隱含的訊息。那風送來了塵腥味、血腥味，但也許，還有希望。

也許過去的那麼多年，在紛紜的政治爭鬥中疲於應付，都不曾仔細留意過歲月在眼角落下的痕跡。也許也曾有過那麼一天，在鏡裡愕然發現第一根白髮，也發一會兒愣，輕輕嘆口氣。每天依舊很認真地貼好眉心的花鈿，遮掩黥面留下的疤痕。母親在世時或會經常凝視她的眉心出神，美麗的花鈿之下，寫著她的身世和命運。好在母親已於前一年去世，她不用再經歷又一輪爭鬥中的擔驚受怕，也永遠不用再在心裡預演白髮人送黑髮人的悲慟……

李家在行動。上官婉兒知道，太平公主和臨淄王李隆基已在策劃廢黜韋后。

然，兵變的詭譎之處正在於，縱然策劃滴水不漏，不到最後一刻，誰也不會知道結果。政治本身就意味著變數，無窮可能。誰也不曾料到，太宗皇帝會一手扶持仁順的李治上位，他曾經的才人武媚娘，因而才有了橫空出世的機會。誰也不曾料到，女皇鐵腕一生，最終，武周王朝也只能黯然退出歷史。誰也不曾料到，替李唐清除武三思這個孽障的，竟是李重俊這樣一個整日只知鬥雞走狗的少年人……

要想知道最後的結果，只有一個方法：等待。

七一〇年，舊曆六月，上旬。那半個多月無法入眠的深夜，想來上官婉兒一定會憑欄而立，聽宮外原野的蟲鳴，聽宮內每一滴聲響，等待來自黑夜的消息。在這等待、觀望與聆聽中，婉兒的目光，或會從頭到尾次次撫摸這座雄麗的大內皇宮。這是她生活四十多年的地方。她熟悉這裡，每幢建築，每處角落的祕密，禁苑的花開、花落，一歲、一榮、一枯。

甚至這些等待與聆聽，上官婉兒都是熟悉的。神龍元年的那些冬夜，她一定也在深夜裡輾轉過，反覆思慮過。她知道有時候只能等待。她知道那一刻很快就會到來。

但這一次，她只猜到了開頭。

第十五章　宿命的落幕與新時代的開啟

遊魯館，陟秦臺。汙山壁，愧瓊瑰。

——〈流杯池〉之十五

魯館，貴族女子出嫁時臨時的外住之所，源《春秋・莊公元年》。春秋時，魯莊公主持周王姬的婚事，派大夫將王姬送往魯國，先在城外築館住下，後才又擇日送至齊國與齊侯成婚。此處，魯館喻長寧公主府。

秦臺，亦名蒲臺。傳秦始皇二十八年（西元前二一九），始皇帝為求長生不老藥，遣童男童女數千人，赴海上神山求之。久不聞消息，始皇下令各路大軍每人一盔土，米漿合之，築臺以望。據說佇立此處，渺茫之中的蓬萊仙境，似也近在咫尺。壁，通「璧」。山壁，疑為一種玉石擺件，雕有人物、動物或山石、花鳥。光澤奪目，精美絕倫。瓊瑰，亦是一種美石，價值次於玉石。

這是〈遊長寧公主流杯池二十五首〉最後一首。此詩盛讚長寧公主宅邸的美景、收納的珍寶，賽過始皇當年在秦臺遙望的蓬萊仙境，就連山壁、瓊瑰，也相形見絀。首句「遊」字平起，緊跟著，四個動詞連用，「遊」到「陟」，暗示地理位置變動，由低到高，繼而帶動觀景情緒的攀升。

「汙」已然是飽滿的感喟，而最後的「愧」，一聲浩嘆，鏗鏘之後，餘音裊裊，使這「愧」字居然也驚心動魄起來。讓人在回味中又驚覺，即便山壁、瓊瑰這樣的凡間美石，能有幸與魯館美景、珍寶比較，已是生而無憾的。

一如世間，有人作為勝者留名，有人也可以作為勝者的對手留名。

作為對手並不總是遺憾，每個人都有自己的戰場。

少年李隆基的崛起

李隆基，排行第三，人稱三郎。三郎家世可用一個故事呈現：話說長壽年間，某日，不足十歲的三郎獨自駕馬，前往京郊牡丹名園賞花。不料，牡丹園早被京城一群紈袴子弟強占，尋常百姓不得靠近。李隆基大怒，策馬揚鞭，直接衝進那群公子哥中。眾公子嚇了一跳，忙命奴僕將其團團包圍，又磨刀霍霍：何處來的大膽小子，還不趕快下跪求饒！不然，哼哼，爺的刀可不長眼睛的哦！

李隆基緩緩勒住馬韁，悠悠報上家門：我曾祖父是皇帝唐太宗，祖父是皇帝唐高宗，祖母是女皇武則天，父親是相王，我是御封的臨淄王……話還沒說完，轉身一瞧，周圍一個人也沒有，全被嚇得沒影了。

由此故事，可得出兩個結論：

第一，與古代眾多「天將降大任於斯人也」的偉人一樣，李隆基從小就不是省油的燈。

又如天授三年（六九二），李隆基僅八歲，帶領自己的衛隊拜見祖母武則天。其時殿上值勤的將軍，乃武則天的堂姪武懿宗。武家人向來見不慣李家人一副「我乃李唐宗族，你們這些篡權小人」的嘴臉，有事沒事都會惹一下刺一下。看到這個八歲的小不點，自然不會放過。武懿宗大聲呵斥，說衛隊不懂規矩，要訓誡一番。李隆基威嚴回擊：「吾家朝堂，干汝何事？敢迫吾騎從！」（《舊唐書》）還是那副「我乃李唐宗族，你們這些篡權小人」的嘴臉，竟把武懿宗唬住了，無言以對。此事讓李隆基聲名大噪。據說武則天聽聞後，從此對他另眼相看，允其開府置屬。英雄與英雄，都不是省油的燈，想來是會襟懷相契、惺惺相惜的吧。

第二，十歲不到的孩子大約是不懂得賞花這種事的。李隆基驅馬闖牡丹園，當是蓄意為之，明顯是奔著炫耀去的，也許就是為了說出「我是御封的臨淄王」，再看這群傢伙嚇得屁滾尿流的樣子。這事很可能發生在李隆基剛被封臨淄王不久，還能小小放縱一下。緊跟著家裡連遭變故，他怕是也沒心情傲嬌了。

先是長壽二年（六九三）正月初二，李隆基母親竇妃與劉妃進宮拜年，結果到嘉豫殿參拜婆婆武則天後，就人間蒸發了，據載是「既退而同時遇害」（《舊唐書》）。婆婆好手段，竇妃屍骨到底存無，有無葬處，皆無人可知。多年後，當相王李旦成為睿宗李旦，想好好安葬自己的夫人，都不知去哪兒招回冤魂。

同年八月，父親李旦又為人誣告懷謀逆之心，雖終有天助，逃過一劫，然父子倆受此牽連，又遭軟禁前後數年。直至聖曆二年（六九九），武則天沒勁折騰了，決定還政李唐，立李顯為太子，李唐宗族才終於獲得自由。李隆基整個少年時代，前後三次遭武則天軟禁。

竇妃對武則天拜年，一去不回，李旦連進宮問訊都不敢，府邸上下也一律封口，嚴禁任何人提及，彷彿生活如常，未有異樣。然，對八歲的三郎而言可大不同，那是有母親和沒有母親的差別。據載，從此李隆基由姨母竇氏照料、撫養，李隆基與其感情異常深厚。

雖無更多史料可詳查，依常理也能推測李隆基其時的無助、惶惑。那或許就像，他站在燈火明朗的堂內，那是他的世界，從堂內望出去，是無盡的黑魆魆的夜。他大約還理不清其中的脈絡，只有一些破碎支離的細節飄浮在茫茫黑夜裡。父親的恐懼，姨媽的恐懼，府邸上下所有人的恐懼，「竇妃」、「母親」成為禁忌，祖母目不轉睛看定他時的神情……

年幼的三郎，或曾悄悄詢問過姨母，母親到底去哪兒了，姨母或會驚恐地捂住他的嘴。每逢入宮覲見祖母，李隆基是否曾心懷期冀，小心留意宮中每一個人，幻想母親會從哪道窄門笑盈盈走出，告訴他自己只是待在宮裡侍奉婆婆。又或者哪日，祖母身畔那位叫做上官婉兒的女人，突然換成自己的母親。

這個叫上官婉兒的女人與祖母不同。祖母似親近非親近，一時以女皇自居，一時又變成祖母，全看她心情。那個上官婉兒，卻總是高高在上，俯視著他，神情漠然。偶爾，頭頸忽然略略歪一下，嘴角一抹難以察覺的微笑，又隨即陡地收住，復歸漠然。三郎困惑了許久，終於想清楚，她只是在測試，看他是否在觀察她。

年深日久，所有期待與幻想自然會被現實擊得粉碎。然，李隆基畢竟有慧根，日日不動聲色地觀察、思量，暗夜裡那些支離飄浮的細節，也終於被整理、歸檔。心機、城府日漸深沉。當他從武則天的朝堂退下，眼見得祖母一日比一日衰朽，心中或會萌動某種心思。當他穿越二十一載的年齡差距，與上官婉兒的目光偶然相遇，那看似不經意的一瞥中，是否已暗藏終局？

史稱，玄宗一朝，李隆基著力規訓後宮妃嬪，以至矯枉過正，導致宦官勢力膨脹，這實與他年少吃了女人們許多「苦頭」有關。這「女人們」自然包括：武則天、上官婉兒、太平公主、韋皇后、安樂公主。

世事並不總是難料。人謂狹路相逢，其實早已種下因果。

唐隆政變

先天二年（七一三）七月三日，太平公主與李隆基決戰。太平公主敗，亡命終南。輾轉三日，太平公主下山，接受自己最終的命運：三尺白綾。此次政變史稱「先天政變」。《劍橋中國隋唐史》評論道，太平公主「以一貫的謹慎擬定了計畫。如果她是男子，能夠親自執行計畫，她很可能成功。相反，她必須依賴別人」。

手中無權，無法調動一兵一卒，無法親臨指揮，連現身都不可能，因此，不論計畫制定多麼嚴密，最後，她必須依賴男人來執行。也即，在那個時代，不論什麼樣的兵變中，哪怕她是結盟者，最後，「她」的命運都掌握在「他」手裡。先天政變中的太平公主如此。唐隆政變中的上官婉兒亦然。

唐隆元年（七一〇）六月二十日，政變爆發。

唐一代，所有宮廷政變，都有幾個關鍵詞：策反相關人士，收伏禁軍，搶占玄武門，殺人。此次政變亦不例外。在此之前，太平公主制定了周密計畫，部署均已到位，該收買該招降的，無一紕漏。

六月二十日，申時，李隆基身著便服，與劉幽求一道，提前潛入皇宮禁苑，埋伏於宮城苑中監鍾紹京家裡，為就近安排政變事宜，也是臨場指揮，穩住陣腳。

向晚，藉著暮色，歸順李隆基的萬騎營長葛福順、李仙鳧率部分禁軍，埋伏玄武門附近，等待李隆基命令。

近二更時，劉幽求謂葛福順：「天意如此，時不可失。」葛福順領命，率軍殺入羽林營，斬首韋家子弟，奪取禁軍指揮權。

然後，李隆基再令葛福順率左萬騎，攻玄武門，李仙鳧率右萬騎，攻百獸門，然後會師凌煙閣。

三更時分，左右萬騎成功會師，整座皇城皆在掌控中，李隆基領兵肅清宮內政敵。

此時，過慣了夜生活的安樂公主，「方照鏡畫眉」，兵士衝進去，眉未畫完，人頭便已落地。公主的丈夫武延秀，亦被拖至肅章門，斬首示眾。

韋后已於夢中驚醒，一溜煙地跑出寢宮。她已有了應付宮廷兵變的經驗：跑，跑向玄武門城樓。她記得上次就是這樣得救的。但沒跑兩步，便被一名飛騎砍了頭。首級立時獻給李隆基，以驗正身。

以韋后的智商，她到死想來都不會明白，自己每一個步驟，都取自武則天，所有部門、禁軍皆在掌控中，長安城還有她五萬府兵，可謂萬無一失了。可箍得那麼緊的鐵桶，為何突然就四面漏水，倏忽之間，連桶都直接崩掉，到底哪裡出了錯？

刀劍鏗鏘，人聲鼎沸，士兵高聲喧譁，歡呼勝利。上官婉兒穿戴整齊，她知道她等待的時刻到了。

眾兵士提劍，欲闖上官婉兒居所，沒想大門已然打開，上官婉兒現身廊下，手持燭臺和遺詔草稿，率宮女出門迎接。其時宮內早已殺聲雷動，血腥衝天，一團亂麻中，卻見一列娉婷宮女，不為殺伐聲所驚，翩然而來。一時間眾將士竟有些困惑了，不知如何是好。斬首安樂公主、韋后等人，刀起頭落，毫無障礙。此刻，他們被上官婉兒的從容鎮住了，不敢妄動。

史載，兵士請來將領劉幽求，眼見上官婉兒鎮定地喚一聲劉將軍，奉上遺詔草稿。劉幽求一見遺詔，便知此事重大，亦不敢貿然做主，必須請示李隆基。

是生是死，又到千鈞一髮的時刻。這般險境，上官婉兒已經非常熟悉，她的先輩們也都曾親歷。每一次都是飛蛾撲火，瞬時間景況叢生。有的人能抓住一線生機，在火的邊緣飛速掠過，最終安然。有的人錯過了，計算失誤，判斷失誤……

李隆基略有猶疑，終，一聲令下，揮刀而至。

古代帝王政治中，臣屬是劍、是戟，是武器，往好裡用，還是往壞裡用，都看這把兵器握在誰的手裡。本質上，上官婉兒與她的同僚們，如張說、魏元忠等人，並無不同，皆服務於自己主子，為主子所用。而且上官婉兒的過人之處，在武周、中宗朝的作為，有目共睹，李隆基何等聰明，不會不明白。

然，李隆基的天下，容不下上官婉兒。據學者們推測，基於兩點原因：

第一，上官婉兒與太平公主的關係，過從甚密，又年深日久。此時，李隆基的野心遠不是扶持父親李旦當皇帝。而他若想上位，太平公主便是勁敵。將這樣一個厲害人物留與太平公主，或者他人，無異於自設障礙。

第二，基於少年陰影，李隆基誓要徹底終結初唐「女禍」。無論韋后、安樂公主，還是上官婉兒，甚至姑姑太平公主，原本就在他的黑名單中。三年之後他發動「先天政變」，又將太平公主消滅，也是這個緣故。

除去這兩個原因，恐怕還有第三個因素：臣屬與主子，基於立場不同，看待問題的視角原就不同。遺詔備份，在上官婉兒看來，是橄欖枝、是投誠。但對於這個自少年起就對她懷有恨意的李隆基，正因這份投誠之禮，合乎情理，他更會被激怒，被她的高妙手段激怒。沒有人喜歡被要挾，兵權在握的人更不喜歡，他們發洩這種懊惱的方式，往往就是：殺了你。

韋后等即使被誅，也未被李隆基饒恕，而是被貶為庶人，而上官婉兒，在其歿後，繼續保有「昭容」封號，並委派張說編撰其文集。張說在〈唐昭容上官氏文集序〉中寫道：「古者有女史記功書過，復有女尚書決事宮闈，昭容兩朝專美，一日萬機，顧問不遺，應接如響。雖漢稱班媛，晉譽左嬪，文章之道不殊，輔佐之功則異。」上官婉兒以妃嬪身分，行輔佐之事功，豈是班婕妤能比擬的？無疑，這也代表了李隆基對上官婉兒的肯定。

綜合以上三點原因，一言以蔽之，李隆基欣賞上官婉兒的政治才能，然而生為女人，她必須死。上官婉兒未必沒有料到李隆基這一手，但也只能這樣了。她只能把自己的命運交到李隆基手裡。

飛蛾撲火的邊緣，有人死於計算失誤、判斷失誤，而上官婉兒，死於自己的性別。

手起刀落，霎時間，脖頸飄出一陣血霧，意識迅速抽離、喪失的剎那，時空混亂，往事或會如風雷般湧聚。

遙遠的，近來的，熟悉的，模糊的，懷念的，遺失的，愉悅的，悔恨的，終於釋懷的，終難釋懷的，始終難想起的祖父、父親的臉，隨風飄散的隱約的呼救、悲泣，臨死前最後一聲柔軟的卑弱的輕嘆，又像是對眾生的憐憫……那飛騰的血霧，也自會觸發家族血液裡的記憶。一次次刀光劍影，鋌而走險，一次次被殺、被株連，然，無論如何，永遠也磨滅不了上官家族不甘人後、追逐權力的野心。

祖上上官桀，漢武帝時期的重要人物，臨終受皇帝遺詔委託，協助將軍霍光，輔佐年幼的漢昭帝。昭帝元鳳元年（西元前八〇）九月，上官桀勾結御史大夫桑弘羊、燕王劉旦等發動政變，以剷除霍光。然，兵敗被殺。

曾祖上官弘，生於北周建德二年（五七三），官至隋朝北部郎中及江都宮副監。隋大業十四年（六一八），上官弘隨隋煬帝巡遊江南。在大將宇文化及、宇文智及等在江都發生的兵變中，與次子上官謹一起被殺。

祖父上官儀，上官弘長子，唐朝著名御用文人，宮廷詩「上官體」的開創者，歷任弘文館直學士、祕書郎、起居郎、祕書少監、太子中舍人。龍朔二年（六六二）拜相，授西臺侍郎、同東西臺三品。唐高宗麟德元年（六六四）那場著名的家務事中，上官儀為武后所殺。其子上官庭芝也牽連被殺。

上官婉兒，上官儀之孫女，上官家唯一的女公子。輔佐女皇，獨當中宗朝制敕之責，秤量詩壇，史謂「女中宰相」，七一〇年唐隆政變中，為臨淄王李隆基斬殺。

我的時代終將過去

多年前，祖父上官儀曾寫過一首詩：

曙色隨行漏，早吹入繁笳。旗文縈桂葉，騎影拂桃華。碧潭寫春照，青山籠雪花。

第一聯、第二聯寫初春景象。曙光中，柔弱又生命力柔勁的春色，以毋庸置疑的節奏徐徐展開。尾聯對仗乖離，「碧潭寫春照」已然一派明媚春光，然雪花突至，似又倏地回到冬的荒寒中。

末句「青山籠雪花」，為漢學家宇文所安稱讚為「特別優美的詩」。青山堅固，雪花旖旎，然，在蒼黑、靜默卻似永恆的山脈前，雪花的生命，終只有輕輕一瞬。青山對雪花，只一個「籠」字，乖巧近媚，又有四兩撥千斤之力，讓人徒增唏噓。用宇文所安的話說，「零落的雪花似乎被巨大、堅固、充滿生命力的青山禁錮住了」。

在歷史悠久、磅礴的皇權時代，上官婉兒的生命際遇，就如一片雪花，轉眼墮入虛空，不留痕跡。然，仍有那麼一瞬，雪花兀自起舞，乘長風飛揚。

武則天彌留之際，遺囑裡曾提到，赦免王皇后、蕭淑妃兩族以及褚遂良等人。一代女皇高傲地原諒了所有受她迫害致死的人。也許只因這恨曾經消耗了她太多的生命能量，冷酷又狠絕，因而也刻骨銘心，也傷到她自己，因而最終選擇原諒、選擇釋懷。

想來，上官婉兒也會原諒，原諒所有她愛過也恨過的人。她會首先原諒李隆基。倘若再有一次機會，她會不遺餘力置李隆基於死地。這就是他們的生存方式。不鄙視，不責難，只有行動，只有成敗，只有生死。一個政治家死於別人的屠刀之下，死得其所，因為那是他的戰場。

無憾。

三年後，唐玄宗與上官婉兒曾經的同僚們，一起迎來了開元之治。唐一代，歷經高祖、太宗、高宗、武則天、中宗、睿宗，累積了近百年，王朝的盛世華章，正從未來款款而來。這新時代的風雲際會，咫尺之遙，婉兒終究也無緣了。

甫瞻松檟，靜聽墳塋，千年萬歲，椒花頌聲。

悠悠盪盪的時光中，祖父上官儀似又從那個清秋黎明，從東都洛堤，飄然而來。

脈脈廣川流，驅馬歷長洲。鵲飛山月曙，蟬噪野風秋。

光陰荏苒，浩蕩又滄桑。

萬丈紅塵，埋有多少愛恨情仇。朗朗乾坤，藏有多少未竟之志。然，寰宇無際，古今渾茫，那無數的故事，都只好留與世人評說。

其中一則，一定始於這樣的開頭：宅邸深處，傳來年老女僕報喜的朗闊語調：「恭喜老爺，得了一位女公子。」

女公子，複姓上官，名婉兒。

附錄

大唐故婕妤上官氏墓誌銘並序

夫道之妙者，乾坤得之而為形質；氣之精者，造化取之而為識用。挻埴陶鑄，合散消息，不可備之於人，備之於人矣，則光前絕後，千載其一。婕妤姓上官，隴西上邽人也。其先高陽氏之後。子為楚上官大夫，因生得姓之相繼；女為漢昭帝皇后，富貴勳庸之不絕。曾祖弘，隨（隋）藤（滕）王府記室參軍、襄州總管府屬、華州長史、會稽郡贊持、尚書比部郎中，與轂城公吐萬緒平江南，授通議大夫。學備五車，文窮三變。曳裾入侍，載清長坂之衣冠；仗劍出征，一掃平江之氛祲。祖儀，皇朝晉府參軍、東閣祭酒、弘文館學士、給事中、太子洗馬、中書舍人、祕書少監、銀青光祿大夫、行中書侍郎、同中書門下三品，贈中書令、秦州都督、上柱國、楚國公、食邑三千戶，波濤海運，崖岸山高，為木則揉作良弓，為鐵則礪成利劍。採摭殫於糟粕，一令典籍困窮；錯綜極於煙霞，載使文章全盛。至於跨躡簪笏，謀猷廟堂，以石投水而高視，以梅和羹而獨步，官寮府佐，問望相趨，麟閣龍樓，輝光遞襲，富不期侈，貴不易交。生有令名，天書滿於華屋；沒有遺愛，璽誥及於窮泉。父庭芝，左千牛、周王府屬，人物本源，士流冠冕。宸極以侍奉為重，道在腹心；王庭以吐納為先，事資喉舌。落落萬尋之樹，方振國風；昂昂千里之駒，始光人望。屬楚國公數奇運否，解印褰裳，近辭金闕之前，遠竄石門之外，並從流迸，同以憂卒。贈黃門侍郎、天水郡開國公、食邑三千戶。訪以荒陬，無復藤城之槻；藏之祕府，空餘竹簡之書。婕妤懿淑天資，賢明神助。詩書為苑囿，捃拾得其菁華；翰墨為機杼，組織成其錦繡。年十三為才人，該通備於龍蚍，應卒逾於星火。先皇撥亂返正，除舊布新，救人疾苦，紹天明命。神龍元年，冊為昭容。以韋氏侮弄國權，搖動皇極。賊臣遞構，欲立愛女為儲；愛女潛謀，欲以賊臣為黨。昭容泣血極諫，扣心竭誠，乞降綸言，將除蔓草。先帝自存寬厚，為掩瑕疵，昭容覺事不行，計無所出。上之，請擿伏而理，言且莫從；中之，請辭位而退，制未之許；次之，請落髮而出，卒為挫衄；下之，請飲鴆而死，幾至顛墜。先帝惜其才用，慜以堅貞，廣求入腠之醫，才救懸絲之命，屢移朏魄，始就痊平。表請退為婕妤，再三方許。暨宮車晏駕，土宇銜哀。政出後宮，思屠害黎庶；事連外戚，欲傾覆宗社。皇太子衝規參聖，上智伐謀，既先天不違，亦後天斯應，拯皇基於傾覆，安帝道於艱虞。昭容居危以安，處險而泰。且陪清禁，委運於乾坤之間；遽冒銛鋒，亡身於倉卒之際。時春秋四十七。皇鑑昭臨，聖慈軫悼，爰造制命，禮葬贈官。太平公主哀傷，賻贈絹五百匹，遣使弔祭，詞旨綢繆。以大唐景雲元年八月二十四日，窆於雍州咸陽縣茂道鄉洪瀆原，禮也。龜龍八卦，與紅顏而並銷；金石五聲，隨白骨而俱葬。其詞曰：

巨閥鴻勳，長源遠系，冠冕交襲，公侯相繼。爰誕賢明，是光鋒銳，宮闈以得，若合符契。其一。瀟湘水斷，宛委山傾，珠沉圓折，玉碎連城。甫瞻松檟，靜聽墳塋，千年萬歲，椒花頌聲。其二。

舊唐書·上官昭容傳

中宗上官昭容，名婉兒，西臺侍郎儀之孫也。父庭芝，與儀同被誅，婉兒時在襁褓，隨母配入掖庭。及長，有文詞，明習吏事。則天時，婉兒忤旨當誅，則天惜其才不殺，但黥其面而已。自聖曆已後，百司表奏，多令參決。中宗即位，又令專掌制命，深被信任。尋拜為昭容，封其母鄭氏為沛國夫人。婉兒既與武三思淫亂，每下制敕，多因事推尊武氏而排抑皇家。節愍太子深惡之，及舉兵，至肅章門，扣閤索婉兒。婉兒大言曰：「觀其此意，即當次索皇后以及大家。」帝與后遂激怒，並將婉兒登玄武門樓以避兵鋒，俄而事定。

婉兒常勸廣置昭文學士，盛引當朝詞學之臣，數賜遊宴，賦詩唱和。婉兒每代帝及后、長寧安樂二公主，數首並作，辭甚綺麗，時人咸諷誦之。婉兒又通於吏部侍郎崔湜，引知政事。湜嘗充使開商山新路，功未半而中宗崩，婉兒草遺制，曲敘其功而加褒賞。及韋庶人敗，婉兒亦斬於旗下。

玄宗令收其詩筆，撰成文集二十卷，令張說為之序。初，婉兒在孕時，其母夢人遺己大秤，占者曰：「當生貴子，而秉國權衡。」既生女，聞者嗤其無效，及婉兒專秉內政，果如占者之言。

新唐書·上官昭容傳

上官昭容者，名婉兒，西臺侍郎儀之孫。父廷芝，與儀死武后時。母鄭，太常少卿休遠之姊。

婉兒始生，與母配掖廷。天性韶警，善文章。年十四，武后召見，有所制作，若素構。自通天以來，內掌詔命，掞麗可觀。嘗忤旨當誅，后惜其才，止黥而不殺也。然群臣奏議及天下事皆與之。

帝即位，大被信任，進拜昭容，封鄭沛國夫人。婉兒通武三思，故詔書推右武氏，抑唐家，節慜太子不平。及舉兵，叩肅章門索婉兒，婉兒曰：「我死，當次索皇后、大家矣！」以激怒帝，帝與后挾婉兒登玄武門避之。會太子敗，乃免。婉兒勸帝侈大書館，增學士員，引大臣名儒充選。數賜宴賦詩，君臣賡和，婉兒常代帝及后、長寧安樂二主，眾篇並作，而采麗益新。又差第群臣所賦，賜金爵，故朝廷靡然成風。當時屬辭者，大抵雖浮靡，然所得皆有可觀，婉兒力也。鄭卒，謚節義夫人。婉兒請降秩行服，詔起為婕妤，俄還昭容。帝即婉兒居穿沼築巖，窮飾勝趣，即引侍臣宴其所。是時，左右內職皆聽出外，不何止。婉兒與近嬖至皆營外宅，邪人穢夫爭候門下，肆狎暱，因以求劇職要官。與崔湜亂，遂引知政事。湜開商山道，未半，因帝遺制，虛列其功，加甄賞。韋后之敗，斬闕下。

初，鄭方妊，夢巨人畀大稱曰：「持此秤量天下。」婉兒生逾月，母戲曰：「秤量者豈爾邪？」輒啞然應。後內秉機政，符其夢云。景雲中，追復昭容，謚惠文。始，從母子王昱為拾遺，昱戒曰：「上往囚房陵，武氏得志矣，卒而中興，天命所在，不可幸也。三思雖乘釁，天下知必敗，今昭容上所信，而附之，且滅族！」鄭以責婉兒，不從。節愍誅三思，果索之，始憂懼。及草遺制，即引相王輔政。臨淄王兵起，被收。婉兒以詔草示劉幽求，幽求言之王，王不許，遂誅。開元初，裒次其文章，詔張說題篇。

唐昭容上官氏文集序

臣聞七聲無主，律呂綜其和；五彩無章，黼黻交其麗。是知氣有一鬱，非巧辭莫之通；形有萬變，非工文莫之寫：先王以是經天地，究人神，闡寂寞，鑑幽昧，文之辭義大矣哉！

上官昭容者，故中書侍郎儀之孫也。明淑挺生，才華絕代，敏識聰聽，探微鏡理。開卷海納，宛若前聞；搖筆雲飛，如同宿構。初，沛國夫人之方娠也，夢巨人俾之大秤，曰：「以是秤量天下。」及而昭容既生。彌月，夫人弄之曰：「秤量天下，豈在子乎？」孩遂啞啞應之曰：「是。」生而能言，蓋為靈也。越在襁褓，入於掖庭。天實啟之，故毀家而資國；運將興也，故成德而受任。

自則天久視之後，中宗景龍之際，十數年間，六合清謐。內峻圖書之府，外闢修文之館。搜英獵俊，野無遺才，右職以精學為先，大臣以無文為恥。每務遊宮觀，行幸河山，白雲起而帝歌，翠華飛而臣賦，雅頌之盛，與三代同風，豈唯聖后之好文，亦雲奧主之協贊者也。古者有女史記功書過，復有女尚書決事宮閣，昭容兩朝專美，一日萬機，顧問不遺，應接如響。雖漢稱班媛，晉譽左嬪，文章之道不殊，輔佐之功則異。跡祕九天之上，身沒重泉之下，嘉猷令範，代罕得聞，庶幾後學，嗚呼何仰！然則大君據四海之圖，懸百靈之命，喜則九圍挾纊，怒則千里流血，靜則黔黎乂安，動則蒼甿罷弊。入耳之語，諒其難乎？貴而勢大者疑，賤而禮絕者隔，近而言輕者忽，遠而意忠者忤。唯窈窕柔曼，誘掖善心，忘味九德之衢，傾情六藝之圃，故登昆巡海之意寢，翦胡刈越之威息，璇臺珍服之態消，從禽嗜樂之端廢。獨使溫柔之教，漸於生人，風雅之聲，流於來葉。非夫玄黃毓粹，貞明助思，眾妙扶識，群靈挾志，誕異人之資，授興王之瑞，其孰能臻斯懿乎？

鎮國太平公主，道高帝妹。才重天人，昔嘗共遊東闈，同宴北渚，倏來忽往，物在人亡。憫雕管之殘言，悲素扇之空篋。上聞天子，求椒掖之故事；有命史臣，敘蘭臺之新集。凡若干卷，列之如左。

參考文獻

①王盧生《大唐才女上官婉兒詩集》，中州古籍出版社，2011 年版。

②于賡哲《巾幗宰相上官婉兒》，陝西師範大學出版總社有限公司，2014 年版。

③蒙曼《武則天》，廣西師範大學出版社，2016 年版。

④蒙曼《太平公主和她的時代》，廣西師範大學出版社，2016 年版。

⑤〔英〕崔瑞德《劍橋中國隋唐史》，中國社會科學出版社，2007 年版。

⑥葛承雍《女性與盛唐氣象》，北京時代華文書局，2013 年版。

⑦于賡哲《她世紀：隋唐的那些女性》，陝西師範大學出版總社有限公司，2015 年版。

⑧于賡哲《狄仁傑真相》，陝西師範大學出版總社有限公司，2013 年版。

⑨林語堂《武則天正傳》，江蘇人民出版社，2014 年版。

⑩董恩林《道是有情卻無情——后妃爭寵》，華中理工大學出版社，1994 年版。

⑪馬得志、馬洪路《唐代長安宮廷史話》，新華出版社，1994 年版。

⑫ 寧業高、寧業龍、寧耘《上官婉兒》，華夏出版社，2014 年版。
⑬ 許廣陵《四大才女之上官婉兒傳》，中國華僑出版社，2011 年版。
⑭ 趙玫《上官婉兒》，長江文藝出版社，2014 年版。
⑮ 蔡東藩《唐史演義》，中國畫報出版社，2014 年版。
⑯ 陳若水《隱蔽的風景》，廣西師範大學出版社，2009 年版。
⑰ 岑仲勉《隋唐史》，商務印書館，2015 年版。
⑱ 鄧小南《唐宋女性與社會》，上海辭書出版社，2003 年版。
⑲〔宋〕計有功《唐詩紀事》，上海古籍出版社，2013 年版。
⑳〔美〕宇文所安《初唐詩》，生活．讀書．新知三聯書店，2014 年版。
㉑〔美〕宇文所安《追憶：中國古典文學中的往事再現》，生活．讀書．新知三聯書店，2005 年版。
㉒ 劉連通《洛陽新獲七朝墓誌》，中華書局，2012 年版。
㉓ 謝遂聯《唐代都市文化與詩人心態》，浙江大學出版社，2010 年版。
㉔ 榮新江《隋唐長安：性別、記憶及其他》，復旦大學出版社，2010 年版。
㉕ 譚正璧《中國女性的文學生活》，江蘇廣陵古籍印刻社，1998 年版。

㉖ 梁乙真《中國婦女文學史綱》，上海書店 1990 年版。

㉗ 段塔麗《唐代婦女地位研究》，人民出版社 2009 年版。

㉘ 張菁《唐代女性形象研究》，甘肅人民出版社 2007 年版。

㉙ 尚永亮《唐五代逐臣與貶謫文學研究》，武漢大學出版社 2007 年版。

㉚ 羅宗強《隋唐五代文學思想史》，中華書局 2011 年版。

㉛ 羅宗強《唐詩小史》，百花文藝出版社 2008 年版。

電子書購買　　爽讀 APP

國家圖書館出版品預行編目資料

煙霞問訊，風月相知——上官婉兒和她的大唐：以詩才權謀為刃，在男權為上的唐代，如何以女性之姿叩開權力的大門？ / 寇研 著 . -- 第一版 . -- 臺北市：崧燁文化事業有限公司 , 2025.01
面；　公分
POD 版
ISBN 978-626-416-260-9(平裝)
1.CST: (唐) 上官婉兒 2.CST: 傳記
782.8413　　　　114000125

煙霞問訊，風月相知——上官婉兒和她的大唐：以詩才權謀為刃，在男權為上的唐代，如何以女性之姿叩開權力的大門？

臉書

作　　者：寇研
發 行 人：黃振庭
出 版 者：崧燁文化事業有限公司
發 行 者：崧燁文化事業有限公司
E-mail：sonbookservice@gmail.com
粉 絲 頁：https://www.facebook.com/sonbookss/
網　　址：https://sonbook.net/
地　　址：台北市中正區重慶南路一段 61 號 8 樓
8F., No.61, Sec. 1, Chongqing S. Rd., Zhongzheng Dist., Taipei City 100, Taiwan
電　　話：(02) 2370-3310　　傳　　真：(02) 2388-1990
印　　刷：京峯數位服務有限公司
律師顧問：廣華律師事務所 張珮琦律師

定　　價：399 元
發行日期：2025 年 01 月第一版
◎本書以 POD 印製